往事探微

中國文化沙皇周揚

葉德浴●著

你想知道周揚對魯迅的忌恨程度嗎？
你想知道周揚對胡風的忌恨程度嗎？
你想知道周揚堅決不肯與丁玲和解的深層原因嗎？
你想知道周揚向病危的馮雪峰「懺悔」的真情嗎？
你想瞭解周揚在「魯藝」領導「搶救運動」的功績嗎？
你想瞭解周揚要把蕭軍打成「日本特務」的經過嗎？
你想瞭解周揚建國後狠整蕭軍的內情嗎？
你想瞭解周揚和江青過招的喜劇嗎？
你想瞭解周揚的「院士」桂冠的含金量嗎？
你想瞭解周揚的翻譯水平嗎？
你想更多地知道一些周揚有趣的和無趣的事嗎？
……
請讀這個冊子。
它會讓你看到一個更真實的周揚。

目次

「周揚」這個名字的含義

周揚在三十年代初登上文壇的時候，用的名字是周起應。一九三四年秋突然棄周起應之名改用「周揚」這個名字。魯迅曾就周起應改名周揚的含義作過一番猜測，認為這表現了周起應要立大志，在文學上做出一番大事業。但他並不以為他的猜測是符合實際的。

一九九八年，譚林通的一篇紀念周揚的文章，才讓人們瞭解到事情的真相：

> 我認識周揚，是一九二七年秋冬之間在東京小石川區林町的「國師館」，當時他二十一歲，我是初中剛畢業的十六歲少年，那時他叫周起應。他是在與蘇靈揚結合之後，作為一種紀念吧，才開始用「周揚」這個名字的。[1]

1 《難忘相識在東京》，王蒙、袁鷹主編《憶周揚》，內蒙古人民出版社，一九九八年版，第二十二頁。

原來，周揚的「揚」，是取自蘇靈揚的「揚」，表示出對蘇靈揚你中有我、我中有你特殊的親密關係的。

周揚與蘇靈揚的結合屬於婚外戀，是秘密的，時間在一九三四年秋。那時，周揚已經是三個孩子的父親，原配夫人健在，和周揚一起住在上海。那年夏天，夫人吳淑媛懷的第三個孩子將出生。每次分娩，周揚的母親都要求必須回家鄉生，周揚這次也把夫人連同兩個小孩帶回益陽老家待產。過去，周揚都是等到孩子出生後才回上海的，這次卻沒等到孩子出生就以工作忙為藉口急著回上海。臨走時親口答應第二年暑假回來接母子們去上海。吳淑媛做夢也沒想到，周揚這一去卻是永遠不回來了。他急著趕回上海是要同蘇靈揚另組家庭。他同蘇靈揚另組家庭之後，啟用了「周揚」這個含有特殊意義的新名字。這年八月末寫的〈高爾基的文學用語〉，發表時署名「企揚」，透露了舊名向新名過渡的消息；到秋末寫〈高爾基的浪漫主義〉就正式啟用「周揚」這個新名字了。可憐夫人吳淑媛一直蒙在鼓裡，還一心一意地等著周揚接她出去。她根本沒有想到周揚會遺棄她。她和周揚結婚以來，雙方感情是融洽的。他們住在上海，周揚沒有固定收入，單靠一點零零星星的稿費，是根本無法維持一家的生活的。她每年夏天都要回娘家一趟，從娘家取回一些金銀珠寶首飾，把整個家庭經濟支撐起來，讓周揚能夠安心從事黨的工作。周揚那時能夠穿上考究的西服，能夠進入舞廳尋歡作樂，端賴夫人的經濟後盾。周揚的戰友們生活上有困難，都得到過吳淑媛的慷慨資助。夫人吳淑媛深信不疑，周揚是一定會回來接她出去的。一九三七年抗戰前夕，她還收到周揚從上海寄來的他的譯書《安娜・卡列尼娜》。抗戰爆發後，吳淑媛的母親還專門寫信去問，是不是不要老婆、孩子了。周揚回信說得十分肯定，他現在在延安工作，決不會做對不起家人的事的。這些現象，更鞏固了她等待的信心。周揚走後，她每年都要做一罈梅子泡製的蜜餞，放在櫃子上，等待周揚回來品嚐。她就這樣帶著孩子等著，等了一年又一年，做了一罈梅子又一罈梅子，等著周揚回來接她出去。直到一九四一年，可憐的女人才從《救亡日報》上的一則報導得知，在延安的周揚早已另有新歡。這個消息首先把吳淑媛的老母親擊倒，不久就含恨死去。老人去世之後，吳淑媛幾乎天天帶著三個孩子到十幾里路外的墓地，趴在墳上搶天呼地痛哭。一哭就是一兩個小時。她，向著遠在彼岸的親人，傾吐滿腔的悲痛，傾吐滿腔的悲憤。她很快就病倒，脖子上長了一串淋巴，全身浮腫，第二年就在極其淒慘的情況下死去。那整整齊齊擺在櫃子上的七罈梅子，見證了她無可告訴的的痛苦、悲憤和不幸。[2]

事情清楚不過，如果不是周揚全無心肝，吳淑媛的老母決不至於遽爾奄忽，吳淑媛本人更不至於這麼年輕就離開人世的。

這樣，「周揚」這個名字，不僅體現了周揚和新人鸞鳳和鳴的甜情蜜意，更體現了周揚肆意玩弄弱女子的感情、棄舊人若棄敝履的冷酷卑鄙。

2 見周艾若《我的父親周揚》，《三聯生活週報》二〇〇九年第十七期；李輝《與周艾若談周揚》，《搖盪的秋千》海天出版社一九九八年版，第二〇七頁。

周揚翻譯《安娜・卡列尼娜》

從三十年代初期到抗戰前夕，周揚翻譯過好幾本外國作品：蘇聯作家柯倫泰的《偉大的戀愛》、蘇聯作家顧米列夫斯基的《大學生私生活》、美國進步作家的《果爾德短篇傑作選》、高爾基的《奧羅夫夫婦》和托爾斯泰的《安娜・卡列尼娜》前半部。其中他最得意的無疑是《安娜・卡列尼娜》。周揚在一九四三年寫給組織的自傳，談到他翻譯外國作品的成果時，這樣沾沾自喜地說：

> 在我過去譯書中，僅托爾斯泰的《安娜・卡列尼娜》一書為有價值。[3]

他認為的「有價值」，可以有兩種理解。可以理解為原著好，有價值；也可以理解為原著與翻譯都好，有價值。看來他的意思是偏於第二種意義的。但是，事實上人們對他的翻譯並不認可。臺灣有人就對周揚翻譯的《安娜・卡

[3]《周揚新時期文稿》，山西人民出版社二〇〇四年版，第九四六頁。

列尼娜》給以這樣的評價：「一部生龍活虎的小說，在他手裡就成了一條死蛇，……如與高植譯本對讀，我想即令是周起應本人也會汗毛直豎，滿身起雞皮疙瘩的。[4]說得有些誇張，但譯筆不太高明確是事實。平心而論，對於周揚的譯書，我們應聯繫他當時的處境來考慮。當時周揚從事地下工作，需要自己解決吃飯問題，從這個角度考慮，我們對他的譯筆不應多加責難。只是他在自傳中對他的譯本還是沉湎在自我感覺良好的精神狀態中，不能不覺得有點缺乏自知之明了。

　　周揚的這個只翻譯了半部的譯本，解放前以周筧的筆名由生活書店出版。與羅稷南翻譯的後半部合在一起，算是有了一個全譯本。解放後，一九五六年，他的這個譯本經人民文學出版社的編輯謝素台據毛德的英譯本修訂，以「上冊」的形式由人民文學出版社出版。下冊是謝素台拋開羅稷南譯本另譯的。這樣又有了一個全譯本。有人曾為謝素台這位年輕女翻譯家鳴不平，認為如果《安娜・卡列尼娜》的全譯本讓謝素台一個人完成，當會合適得多。事情確實如此。周揚翻譯的前半部《安娜・卡列尼娜》，理應和羅稷南翻譯的後半部一起送進歷史倉庫，不應該以周揚與謝素台合譯的名義出版《安娜・卡列尼

[4] 陳敬之：《三十年代文壇與左翼作家聯盟》，成文出版社一九七〇年版，第九十九頁。

娜》全譯本。這肯定是常務副社長王任叔出的主意，作為堂堂中宣部副部長的周揚，還不至於主動提出這樣的剝奪年輕翻譯工作者獨力翻譯《安娜・卡列尼娜》全譯本的權利。可是，當下面的人提出那樣的餿主意時，周揚竟欣然認可，這就不可思議了。他不想想，自己當年翻譯的東西早該淘汰了，從保證譯書的水平考慮，他應該告訴王任叔，全譯本還是讓謝素台另起爐灶為好。這才是從事業出發，才符合為人的基本道德。然而，周揚卻選擇了一條截然相反的路，這就不能不暴露出他靈魂深處嚴重的個人名利私欲了。嚴重的個人名利私欲蒙住他的眼睛，竟然看不到自己不動一個指頭就出了一個新譯本，而且得了一筆豐厚的稿費，是怎樣一種不光彩的行徑。

這裡，倒很有必要把經過校訂的《安娜・卡列尼娜》前半部，與周揚三十年代獨力翻譯的《安娜・卡列尼娜》前半部，進行一番對比了。限於篇幅，只舉第一部第十九章的一個片段。

先看五十年代經過謝素台「校訂」的：

當安娜走進房間來的時候，多莉正和一個已經長得像他父親一樣的金髮的胖小孩一道坐在小客廳裡，教他的法語課。那小孩一邊讀著，一邊不住地扭弄著一粒快要從短衣上脫落的鈕扣，竭力想把它扯下來。他母親好幾次把他的手拿開，但是那胖胖的小手又去摸那鈕扣。他母親扯下鈕扣，放進她的口袋裡。

「手不要動，格里沙，」她說，又拿起她的針線——她做了好久的被單來，她總是在心裡抑鬱的時候做這種活，現在她焦躁地編織著，移動著手指，計算著針數。雖然她昨天對她丈夫聲言過，他妹妹來不來不關她的事，但是她為她的來臨準備了一切，而且在興奮地期待著她的小姑。

多莉被憂愁壓倒，完全被憂愁吞沒了。但是她還記得安娜，她的小姑，是彼得堡一位最重要的人物的夫人，是彼得堡的grand dame。因為這種情形，所以她沒有實行她威嚇她丈夫的話——那就是說，她並沒有忘記她的小姑快要來了。「畢竟，這事一點也不能怪安娜，」多莉想。「我只覺得她的為人再好也沒有了，而且我看她對待我也只有親切和友愛。」實在說，就她所記得的她在彼得堡卡列寧家的印象，他們的家庭生活本身她是並不喜歡的：在他們的家庭生活的整個氣氛上有著虛偽的味道。「但是我為什麼不應當招待她呢？只要她不來安慰我就好啦！」多莉想，「一切安慰、勸告、基督式的饒恕，這一切我想了一千遍，全沒有用處。」

這些日子，多莉孤單單地和小孩子們在一道，她不願談起她的憂愁，但是那憂愁填滿了她的心，她又不能談旁的事。她知道她一定會設法把一切都告訴安娜，有時她想到能夠痛快地訴說一場，覺得高興，但是有時想到她不能不向她，她的妹妹訴說自己的屈辱，而且要聽她那老一套忠告和安慰的言辭，又覺得生氣了。

她時時刻刻在等候她，不住地看錶，但是，像常有的情形一樣，恰恰放過了她的客人到來的那一刻，因此她沒有聽見鈴聲。

聽到門口有裙子的綷縩聲和輕輕的腳步聲，她回頭一望，在她那憔悴的臉上自然流露出來的不是歡喜，而是驚愕，她站起身來，擁抱她的小姑。

再看三十年代周揚獨力翻譯的：

當安娜走進房間來的時候，杜麗正和一個長得像他父親一樣的白頭的胖小孩一道坐在小客廳裡，教他的法文讀法。那小孩一邊讀著，一邊不住地扭弄著一粒快要從短衣上脫落的鈕扣，竭力想把它扯下來。他的母親好幾次把他的手拿開，但是那胖胖的小手又回到鈕扣去了。他的母親扯下那鈕扣，放進她的口袋裡。

「手不要動，格里沙，」她說，於是拿起她的針線——她做了許久的被單來，她總是在抑鬱的瞬間做這個，現在她焦躁地編織它，移動著她的手指，計算著針腳。雖然她昨天對她丈夫聲言過，他妹妹來不來不關她的事，但是她為她的來準備了一切，而且在興奮地期待著她的。

杜麗被她的憂愁所壓服，完全給它吞沒掉了。但她還是沒有忘記得安娜，她的姑娘，是彼得堡一位最重要的人物的太太，是彼得堡的grand dame（貴婦人）。因為這個情形，所以她沒有把她威嚇她丈夫的話實行——那就是說，她並沒有忘記她的姑娘快要來了。「而且這無論如何不能怪安娜，」杜麗想。「我只覺得她再好也沒有了，而且我看她對我也只有親切和懇摯。」實在說，只要她記得起她在彼得堡卡列寧家的印象，他們的家庭生活本身她是並不喜歡的：在他們的家庭生活的全體上有著虛飾的地方。「但是我為什麼不應當招待她呢？只要她不想要來安慰我就好呵！」杜麗想，「一切安慰，勸告，基督的饒恕，這一切我想了一千遍，全沒有用處。」

這些日子，杜麗孤單單地和她的小孩們在一道，她不願談起她的憂愁，但是那憂愁填滿了她的心，她又不能夠談外面的事。她知道她定會設法把一切告訴安娜，她想到能夠痛快地說一場，覺得很快樂，但想到她不能不向她，她的妹妹訴說自己的屈辱，而且要聽她的忠告和安慰的現成的言辭，就又覺得生氣了。她在等候她，她每分鐘瞧著她的錶，於是，像常有的情形一樣，恰恰放過了她客人到來的那一分鐘，因此她沒有聽見鈴聲。

聽到門邊的裙子的綷縩和輕輕的腳步聲，她回過頭來看，她那憂戚的臉上無意識地表現出來的不是歡喜，而是驚愕，她站起身來，擁抱她的**姑娘**。

（著重號是引者所加）

「白頭的」，原著為белоголовым。這個詞有二義：一是白頭的；二是淺色頭髮的。周揚據以翻譯的英文本譯成「白頭的」，周揚也稀哩糊塗地跟著錯了。謝素台改為「金髮的」，雖然和原著還有一定距離，但比「白頭的」貼邊多了。

「法文讀法」：英譯本為French reading lesson，是符合原著的。如按照英譯本直譯，應作「法文閱讀課」。Reading lesson哪有「讀法」之意。犯了低級錯誤。謝素台簡譯為「法文課」，乾淨俐落。

「那胖胖的小手又回到鈕扣去了」：不知所云。謝素台改為「那胖胖的小手又去摸那鈕扣」，這才把話說清楚了。

「完全給它吞沒掉了」：「給」應作「被」；「掉」多餘。這屬於周揚的中文修養問題。

「姑娘」：低級錯誤。一、安娜早已結婚，而且有了孩子，怎麼還是「姑娘」？二、安娜是多莉丈夫的妹妹，是多莉的「小姑」，多莉怎麼會把她稱做「姑娘」呢？謝素台根據英譯本改為小姑，正確。

「她沒有把她威嚇她丈夫的話實行」：食洋不化。謝素台改為「她沒有實行她威嚇她丈夫的話」，詞通意達。

「她對我也只有親切和懇摯」：俄文原著中的дружба，英譯本譯作friendship，正確。中文理應譯為「友愛」，周揚卻譯為「懇摯」，錯得毫無道理。謝素台把「懇摯」改為「友愛」，必要的一改。

「只要她記得起她在彼得堡卡列寧家的印象，他們的家庭生活本身她是並不喜歡的：在他們的家庭生活的全體上有著虛飾的地方。」——前一個分句「只要……」大錯。英譯本作as far as she could remember，是正確的。as far as只能譯為「就……而言」。周揚譯為「只要……」，不知錯到哪裡去了。謝素台改為「就她所記得的她在彼得堡卡列寧家的印象，……」，完全正確。後一分句「在他們的家庭生活的全體上有著虛飾的地方」，比較一下謝素台譯的「在他們的家庭生活的整個氣氛上有著虛偽的味道」，高下立顯。

she could not talk about indifferent matters翻譯成「她又不能夠談外面的

事」，屬低級錯誤。謝素台改為「她又不能談旁的事」，這才正確。

「她想到能夠痛快地說一場，覺得很快樂」：謝素台改為「她想到能夠痛快地訴說一場，覺得高興」。「說」改成「訴說」，「快樂」改成「高興」，都顯出很高的中文與英文的素養。

「要聽她的忠告和安慰的現成的言辭」：什麼叫「忠告和安慰的現成的言辭」？謝素台改為「要聽她那老一套忠告和安慰的言辭」，這才詞通意達。

「她在等候她，她每分鐘瞧著她的錶，於是，像常有的情形一樣，恰恰放過了她客人到來的那一分鐘」：英譯本是As it often happens，though she kept looking at the clock，waiting for Anna，she let the moment when her visitor arrived go by without even bearing the bell. 這一句，though可以省略不翻。按照中文的習慣，可以在後一個分句前加連接詞「但是」，卻決不能加「於是」。let the moment，也不應譯為「放過了……那一分鐘」。錯得離奇。謝素台改為「放過了……那一刻」，這才恰到好處。「她每分鐘瞧著她的錶」：還是食洋不化。謝素台改為「不住地看錶」，這才把死句變活。

一經對比，周揚的翻譯破綻百出，只能像一個學生的不成熟的作業了。

限於篇幅，未能多掃描幾個片段；但從上面的例子，已足夠想見譯本的全貌了。聯繫周揚當時的特殊處境，翻譯成這個樣子人們還勉強可以諒解；到了解放後，周揚還欣欣然抱住他的破譯本不放，居然讓別人當槍手，為自己爭名奪利，這就太說不過去了。臺灣評論者說：「如與高植譯本對讀，我想即令是周起應本人也會汗毛直豎，滿身起雞皮疙瘩的。」這是過高地估計了周揚的。如果他與高植譯本對讀，真「會汗毛直豎，滿身起雞皮疙瘩」，那就不會欣然讓謝素台來「校訂」他的舊譯本了。如果他與高植譯本對讀「會汗毛直豎，滿身起雞皮疙瘩」，那麼，他與謝素台的「校訂」本對讀，更應該感到汗流浹背無地自容了。——如果周揚真有這麼高的自知之明，那就不是周揚了。

三十年代生活書店出版的《安娜・卡列尼娜》，上冊是周揚翻譯的，下冊是羅稷南翻譯的。如果羅稷南向人民文學出版社提出要求，周揚可以用別人「校訂」的方式給自己過去譯的上冊修飾一新，仍以自己的名字出版，則下冊也應該援例讓別人「校訂」之後仍以自己的名字出版。既可揚名，又可以得一筆豐厚的稿酬，何樂而不為。周揚的譯本可以這樣重新出版，為什麼要把我的譯本斃掉呢？豈不是太不公平太勢利眼了嗎？——如果羅稷南真是出面據理力爭，以他老先生與毛澤東的友誼，他是定能如願以償的。如果真是這樣，那謝素台連翻譯下冊的權利也被剝奪，自己為《安娜・卡列尼娜》付出的辛勤勞動統統歸到別人名下去了。羅稷南還能守住做人的道德底線，不肯向周揚學習，謝素台才能得到翻譯下冊的機會。太可憐了。

【附記】

周揚開路於前，後繼自不乏人。首先回應的是他的老戰友夏衍。

夏衍三十年代從日譯本轉譯過來的高爾基的《母親》，在當時是起了積極作用的。解放後，讀者普遍希望能夠看到直接從俄文翻譯過來的好譯本，但是夏衍硬要拿出他的舊譯本要求人民文學出版社再出。出版社無奈，只好讓兩位編輯劉遼逸和許磊然根據俄文本修訂。既要忠於原著，又得儘量保存夏譯本中可用的片言隻語，一僕二主，兩面都要顧到的難處，可以想見。據揭發此事的人透露，「聽說所花的精力差不多相當於從俄文重譯」。[5]這是不待說而自明的。不用說，修訂後的譯本譯者署名仍為夏衍，豐厚稿酬亦歸夏衍。

更不像話的是董秋斯——

[5] 蒲夫：《自己人都好辦》，《文藝報》一九五七年第八號。

該社整理科同志認為董秋斯從英文本轉譯的《戰爭與和平》，在對原文的忠實及譯筆的流暢上，都遠不如高植從俄文譯出的，並提了一系列的具體例證。後來董秋斯給該社社長馮雪峰寫了一封信，於是，儘管新文藝出版社已經有了高植的譯本，人民文學出版社還是決定派編輯謝素台放下其他的工作，專門給董譯本加工，加到能出版為止。[6]

[6] 蒲夫：《自己人都好辦》。

董秋斯是位老翻譯家，應該懂得愛惜自己的聲譽；名利私欲沖昏頭腦，竟搞出這樣不光彩的一手！

馮雪峰在處理董秋斯譯本的問題上居然做出那樣背離原則、助長歪風邪氣的決定，也實在是令人難以理解的。遷就名人一至於此，簡直把謝素台當奴隸使用！翻譯領域聽憑一些有私人關係的猛人馳騁，真正有實力的新生力量永無出頭之日了。

可憐謝素台！可憐翻譯王國服苦役的奴隸們！

周揚緣何讀不懂艾青的詩

一九四二年七月桂林出版的《詩》刊三卷四期，發表了一篇周揚的三千字的文章：〈詩人的知識份子氣〉。據編者介紹，「本文是從作者的一篇討論抗戰以來創作的成果和傾向的文章裡面關於知識份子的心境表白的部分摘下來轉載的」。題目是轉載時編者加的。原文的題目和出處都沒有交代。《周揚文集》未收。經查，原作題為〈抗戰以來創作的成果和傾向〉，發表在一九四一年二月二十五日延安出版的《中國文藝》創刊號上，該刊僅出一期。

周揚在文章中，一方面肯定了作為知識份子的詩人在抗戰中同時代同大眾結合上的努力，一方面指出了思想感情改造的不易。他舉出兩個「非常之有天分的傑出的詩人」作例子，一個是何其芳，一個是艾青。對於何其芳的解剖，頗為中肯。對於艾青的分析，就令人感到難以索解了。周揚是這樣以艾青的詩為根據來評說艾青的「不健康的心理」的：

向上——就是和時代和大眾結合，在一個真正的詩人，這個結合不能只是概念認識上的，而必需通過詩人特殊的感覺，情感，幻想。於是來了情緒的騷亂，於是越發袒露了一個知識份子的靈魂！你聽哪，他說時代像暴風雨，他看著它發抖；他又把時代比一座高山，他擔心自己的腳和膽量不能越過；他向著太陽，甚至想到在這光明中死去；他舉起火把，覺得那光灼得他難受；他被群眾的行列吸引，卻如同喜好街上敲打鑼鼓聲音，馬戲班的演技。但是不管這一切似乎矛盾的，甚至不健康的心理，詩人總是在面向時代，面向大眾走去。

周揚在這裡提出的五個例子，確實是把艾青「不健康的心理」揭露得淋漓盡致了。然而，只要讀過艾青發表於抗戰初期的長詩〈向太陽〉和〈火把〉的讀者，都會立刻發現，周揚在這段文章裡批評的五個思想情況，沒有一個是真正屬於艾青的。

第一例，「他說時代像暴風雨，他看著它要發抖」，第二例，「他又把時代比一座高山，他擔心自己的腳和膽量不能越過」，明明都是〈火把〉中那位女主人公的心態，怎麼會變成艾青的心態呢？〈火把〉是一首敘事長詩，詩人在詩中塑造了一個嬌生慣養的女學生唐尼的形象，對她的個人主義的弱點進行了批判，由此昭示了時代青年應走的道路。詩篇寫到唐尼在參加火炬遊行的過程中，在女友的勸導下，開始感悟到了自己的思想感情落後於時代的要求。她在女友面前檢討了自己的軟弱——

這時代
像一陣暴風雨
我在窗口
看著它就發抖
這時代
偉大得像一座山
而我以我的腳
和我的膽量
是不能越過它的

但是　李茵　我的好朋友
我會好起來
……

這裡的「我」，分明是唐尼，不是詩人艾青本人。是唐尼，「說時代像暴風雨」，「看著它要發抖」；是唐尼，「把時代比一座高山」，「擔心自己的腳和膽量不能越過」。明明都是長詩女主人公唐尼的心態的自我表述，周揚卻來個張冠李戴，把它放到艾青的身上，硬把「她」變成了「他」，得出詩人「不健康的心理」的結論。簡直開玩笑。

第三例，「他向著太陽，甚至想在這光明中死去」；此語出自〈向太陽〉，確是艾青的心態的表述。然而表述的不是「不健康的心理」，而是很健康很正常的心理。詩人在這一長詩中，盡情地謳歌了作為抗日民族統一戰線這一政策勝利的象徵的太陽，以及在太陽下出現的喜人的新氣象，最後，以這樣的歌唱結束全詩：

這時候
我對我所看見　所聽見
感到了從未有過的寬懷與熱愛
我甚至想在這光明的際會中死去……

只要不是孤立片面地理解這末一句詩，就會體會到，首先，詩人傾訴的分明是由於他親眼看到抗戰的一天終於來到的無比欣慰之情。孔子當年說：「朝聞道，夕死可矣。」「夕死可矣」，並不是說他早上聞了道，真的願意晚上就死去。不過是表示了，目的已達，夙願已了，死而無憾了。是對於夢寐以求的目的已達的無比欣慰心情的詩化表述。艾青的表達方式與之略同。誰也不會認為，艾青真是想在久久期盼好不容易迎來的大好日子裡即刻死去，除非艾青當時精神有點不正常。詩人在這裡表述的，是一種夙願已達死而無憾之情。其次，這一詩句還表述了詩人矢志為民族解放人民解放而英勇獻身的意志。「死去」，意味著為民族解放和人民解放而獻身。這是流貫全詩的革命激情的一個光輝總結，周揚竟把它扯到「不健康的心理」上去，太離譜了。

第四例，「他舉起火把，覺得那火灼得他難受」：這又是對於〈火把〉的曲解。詩篇中的女主人公唐尼，經過現實的教育，決心走五年前被反動派殺害的哥哥的革命道路，她回家後，把火把插在哥哥的遺像前面，激動地流了淚。她母親發現她的眼皮腫了，問她是否哭了。她支吾地答——

沒有。
今晚我很高興
只是火把的光
灼得我難受……

明明是唐尼說的話，周揚卻把它扯成艾青的話：一誤。「火把的光灼得我難受」，明明是唐尼搪塞母親的假話，周揚卻把它當作真話：二誤。如此曲解原詩，幾近胡鬧。

第五例，「他被群眾的行列吸引，卻如同喜好街上敲打鑼鼓聲音，馬戲班的演技」。這又是對〈向太陽〉的曲解。請看原詩有關部分：

今天
我聽見
太陽對我說
「向我來
從今天
你應該快樂些呵……」

於是
被這新生的日子所蠱惑
我歡喜清晨郊外的軍號的悠遠的聲音
我歡喜擁擠在忙亂的人叢裡
我歡喜從街頭敲打過去的鑼鼓的聲音
我歡喜馬戲班的演技
　當我看見了那些原始的，粗暴的，健康的運動

我會深深地愛他們
像我深深地愛著太陽一樣

今天
我感謝太陽
太陽召回了我的童年了

這裡，艾青表述得十分清楚，他被抗戰的「新生的日子」所「蠱惑」，對周圍的一切，從「清晨郊外的軍號的悠遠的聲音」，到「忙亂的人叢」，從「街頭敲打過去的鑼鼓的聲音」，到「馬戲班的演技」，都產生了熱烈感情，就像自己又回到了童年一樣。這裡，詩人傾訴了他對於迎來了抗戰的由衷歡欣由衷興奮的激情。周揚卻評之曰：「他被群眾的行列吸引，卻如同喜好街上敲打鑼鼓的聲音，馬戲班的演技」。硬說詩人是把群眾的莊嚴的行列與街上敲打的鑼鼓的聲音、馬戲班的演技同等看待，由此給出「不健康的心理」的結論。

總之，周揚擺出來的五個例子，沒有一個是能說明艾青的「不健康的心理」的。艾青的這些詩句並不難懂，連一般初中生也不致誤解，為什麼周揚竟然讀不懂，竟然犯了這樣低級的錯誤呢？我曾反覆思索，百思而不得其解。這個謎，在我心裡藏了六十多年，不久前卻在無意中得到了答案。

束沛德在《龍套情緣》有一段文章，回憶他於一九五五年四月被調到周揚手下當「研究助手」、「業務秘書」的情況。當時，周揚準備在會上做一個報告，總結對胡風文藝思想的批判。周揚要他準備兩個資料，「一個是把胡風的觀點按問題分門別類摘錄出來；一個是針對胡風的觀點，找出馬恩列斯毛的有關論述」。「他扼要地講述了擬在理事會上所作報告的思路、梗概，說是要對胡風集團的活動作一個歷史的回顧和評價，指出它是一個反黨反馬克思主義的資產階級派別」。領到任務之後，他便投入緊張的工作——

從作協圖書資料室找來胡風的八九本評論集：《文藝筆談》《文藝與生活》、《密雲期風習小集》、《劍・文藝・人民》、《論民族形式問題》、《在混亂裡面》、《為了明天》、《論現實主義的路》。我以周揚在〈我們必須戰鬥〉一文中所闡述的我們與胡風文藝思想的根本分歧和郭沫若在〈反社會主義的胡風綱領〉中所批判的胡風所謂的「五把刀子」為線索，戴著有色眼鏡睜大眼睛從胡風著作中逐段、逐句、逐字地找問題。對我這麼一個缺乏理論根底的文學青年來說，要讀懂胡風著作中一些晦澀的「奴隸的語言」，實在是一件十分吃力的事，有時不免囫圇吞棗、一知半解。時間短，任務重，壓力大，我只好回絕了未婚妻的週末約會，中斷了同父母弟妹的書信來往，不分白天黑夜，加班加點地閱讀、摘錄資料，將兩份整理好的資料及時送到周揚手裡。[7]

讀了這段文章，我感到興趣的是，周揚寫如此重要的批判胡風文藝思想的總結報告，居然自己懶得去讀原著，卻讓別人代他「把胡風的觀點按問題分門別類摘錄出來」。這裡的所謂「胡風的觀點」，事實上是周揚等人在他們肆意歪曲胡風的文章裡定下的所謂「胡風的觀點」，並非真正的「胡風的觀點」。領導既然交下「摘錄」的任務，接受任務的秘書自然只好「戴著有色眼鏡睜大眼睛從胡風著作中逐段、逐句、逐字地找問題」了。這個「戴著有色眼鏡睜大眼睛從胡風著作中逐段、逐句、逐字地找問題」的敘述，使我如獲天啟，一下

7《龍套情緣》，北京少年兒童出版社一九九一年版，第七十九至八十頁。

子破解了藏在心頭達六十年之久的周揚之謎。原來，周揚當年寫那篇有關艾青的文章，他壓根兒沒有讀過艾青的《向太陽》和《火把》；他是把任務交給某一位助手，要助手從艾青的詩裡摘錄出一些足以說明艾青的「不健康的心理」的詩句，然後據以為文的。助手奉命唯謹，自然不免「戴著有色眼鏡」「睜大眼睛」從艾青詩篇中「逐段、逐句、逐字地找問題」了。於是，「他說時代像暴風雨，他看著它發抖」出來了；於是，「他又把時代比一座高山，他擔心自己的腳和膽量不能越過」出來了；於是，「他向著太陽，甚至想到在這光明中死去；他舉起火把，覺得那光灼得他難受」等等足以證明艾青「不健康的心理」的詩句，一一出來了。周揚不肯核對一下原詩，來個和盤照收，曾經令我百思不得其解的低級錯誤，就是這樣出來的。周揚所以寫出這樣的文章，除了這個原因之外，實在無法找出更合理的解釋了。那麼，周揚為什麼不親自核對一下原詩再來寫文章呢？艾青抗戰初期寫的詩並不太多，在延安並非找不到；既然要寫論及艾青詩的文章，周揚再忙，也不至於忙得連讀艾青的詩的時間也沒有。主要原因，我以為，應該在於，他對艾青的詩根本不發生興趣。如周揚本人後來向美籍華裔作家趙浩生透露，在延安，他與艾青不是一派。更何況，嗎，請從那類摘錄的文句中選擇。還為批判每一條反動言論提供馬恩列斯毛的語錄武器。方法科學，使用簡便，數千言的大批判稿，立馬可就；鋪天蓋地的大字報，轉瞬即成。此種科學方法的始作俑者，自然不是周揚，但他在推廣這一科學方法上的功勞，是不容輕易抹殺，應該認真記上一筆的。

周揚評《臘月二十一》

一九四二年八月四日延安《解放日報》第四版發表了狄耕（張棣賡）的小說《臘月二十一》。作品寫的是一九四〇年以前山西游擊區的一個側影。作者從友人的來信得知，作品在魯藝引起很大議論，而且已把作品作為整頓文風的參考材料。張棣賡不能接受這樣的事實，於十月十七日寫信向周揚求助。周揚於十一月二日給張棣賡寫了回信。但沒有直接寄給他，把回信連同張棣賡的信編在一起，構成一篇文章，交給《解放日報》。報紙於十一月八日公開發表。發表時加了一個標題：《〈臘月二十一〉的立場問題——與張棣賡同志的通信》。周揚這封信未見收集在日後的文集裡，現將全文從舊報裡抄出，一併抄出狄耕的《臘月二十一》，附以我的評說，貢獻給今天的讀者。

一　周揚答狄耕信

周揚同志：

據最近一個同學寫信告訴我說，《臘月二十一》在延安惹起了很大的議論，而且魯藝已把它作成了整頓文風的參考材料。遠道相阻不知是真是假，總之，已經夠我駭然的了！

據來信，它的罪狀有四：（一）沒有立場，作者是中國人，不應當把中國政府的工作人員和日本人寫得一樣凶；而且語句裡似乎中國政府工作人員比日本人還要可怕。（二）敵佔區裡不應當有那樣盛大的集會，似乎有意強調敵佔區的繁榮，起了反宣傳的作用。（三）不應當把一個犧盟會員寫得那麼幼稚，是作者在故意開玩笑，態度不嚴肅。（四）純偏重於客觀事件的重映，是一種最卑俗的自然主義，沒有作者的看法和批判。

我不知道除了這四大罪狀外，還有沒有其他，如果僅此，我以為實在是小題大做了。現在把我的意見寫在下面，請你轉告一聲，以為我對這問題的意見。

在還沒有逐條解答以前，我先提出三點來說明：第一，這故事是發生在一九四〇年以前（即晉西事變以前）的山西，那時候新舊軍隊還沒有破裂，一科長即代表新的政權，而劉副官即代表舊軍。第二，我寫的不是敵佔區——這是顯而易見的，在敵佔區裡，沒有一個小學校敢掛「民族革命小學校」的牌子——而是我和敵人明爭暗鬥的游擊區。第三，順便我說一說它的主題。它的主題有二：A，在游擊區裡，雖然有些工作人員十分幼稚（如那個青年），有些舊軍上的人凶得可怕（如劉副官），然而在敵人面前他們還要團結一致的。B，在游擊區裡的村長，雖然困難重重，雖然常被劉副官之流所責難，但他們終於忘不了「我是中國人，我知道這國家的難處……」他們並沒有喪失國家意識。

聲明過了，我現在逐條來解答吧：（一）什麼地方把中國政府工作人員寫得和日本人一樣凶呢？又是什麼語句把中國政府工作人員說得比日本人還要可怕呢？劉副官的蠻橫無理是事實，但就這就比日本人凶嗎？敵人的殺人放火……是世界周知的事，我想實在也用不到在這篇小文章裡多說什麼，難道那個漢奸說的「日本人的脾氣你可知道」還不明顯麼？真地，敵人的「可怕」，誰也不知道呢？我真不知道這樣寫，為什麼就算是「沒有立場」；我以為大罵一頓日本人的祖宗，那倒是最蠢的表現法。（二）上邊聲明過，我寫的不是敵佔區，而是游擊區。游擊區的繁榮是環境促成的，大城市喪失了，就是大的鎮店也大半淪陷，於是游擊區便成了這空前的繁榮，而況上山村是沿山的一個村落，它是敵佔區和山裡人的集會地；更而況是臘月二十一——傍年的一個集會？我本打算把它寫得更熱鬧些的，但限於技巧，只能寫得如此而已；這有什麼反宣傳作用呢？（三）我本想把這位同志寫得幼稚一些，但確實有些諷刺味道了，這是因為限（於）自己的寫作能力的原故，我「罪有應得」。（四）我不知道有人看出它的「主題」沒有？如果沒有看出，那麼這是我的寫法太不明確；但距離什麼自然主義還不太近吧？我記得，蕭軍曾經說過立波同志的《牛》是「最卑俗的自然主義」，於是一些同學便學會了這個名詞，而今天便找到了我這個「對象」，我以為，所謂現實主義也者，倒不是需要作者插進嘴巴來講話：「讀者，我可是個現實主義呀！」這又有什麼用呢？《臘月二十一》誠然是一個很壞的東同志，我想把你的來信，和我的答覆，一併公開，也許倒還是一種合宜的方式吧。

你用「狄耕」筆名，在八月四日《解放日報》上發表的《臘月二十一》，我是早讀過了的，的確是一篇很壞的作品。魯藝整風學習中，好些同志曾提出了你這篇作品作為文藝創作上的歪風之一例，是事實，但可惜的是我們並未指定它為整風的參考材料，叫大家來研究討論，使你的「駭然」反倒成為一種神經過敏了。

你所聽到的加於你的作品的四條「罪狀」，我並不知道清楚是否真是這四條，但就以這四條而論，我以為也是不但不算過分，而且實在還是很輕，很客氣的。

《臘月二十一》寫了什麼呢？一個游擊區的村長，為了應付敵人和自己政府兩方面的差事而弄得焦頭爛額。「他想，他這個村長真沒辦法幹。要應付日本人，也要應付抗日的人，常挨雙方的巴掌，日本人常說他：『你的腦筋，壞了壞了的。你幫忙中國兵。』而中國兵呢，又罵他是漢奸！……雖然他曾經數次辭職，可是兩方面都不答應，縣政府把他的呈文批駁了，呈文後面照例是『礙難照准』四個字。而日本人的話卻來得個痛快：『不幹地不行。』」

把敵人和中國政府的壓迫描寫成同樣的，這種寫法是不正確的，這根本是一個不正確的看法。中國政府，不管它的政權性質，和它的民主制度的缺乏，以及由此而來的許多設施的極端不合理，在抗日一點上總還是革命的。無論如何，不能和敵人相提並論，相提並論就是錯誤的。而且，照你所描寫的看去，容許我說得苛刻一點，兩者相形之下，實在還是敵人天真可掬一些呢。

你的這位村長既然是兩方面挨打的，好像是一個處在鐵錘和鐵砧之間的人物，你就應該至少把兩方面的利害都描寫一下。為什麼你整篇小說都是寫的抗日方面的工作人員的如何「凶得可怕」，或者「十分幼稚」，而且寫得那麼淋漓盡致，而對於敵人的殘暴，卻反而只借一個漢奸的口，輕描淡寫地說了一句：「日本人的脾氣你可知道」呢？就在一個自以為「超民族」的作者，這也不是公平的寫法。與本國政府人員的兇暴相比，敵人的統治並不可怕，由你所描寫的市集的繁榮，也顯見得敵寇鐵蹄所至的地區果然是有一番太平的氣象。

說你沒有立場，這難道冤枉了你嗎？

你來信中說：「敵人的殺人放火……是世界周知的事，我想實在也用不到在這篇小文章裡多說什麼……我真不知道這樣寫，為什麼就算『沒有立場』，我以為大罵一頓日本人的祖宗，那倒是最蠢的表現法。」

這個辯解正足以證明了你的沒有立場。不錯，敵人在我國的暴行，是世界周知的事，但是抗議這些暴行，用我們自己的飽含憤怒的聲音，來向全世界一切有正義感的人們申訴，是每個有民族觀念的中國國民的責任；作者們就用自己的文章來盡這一份責任。大文章裡要說，小文章裡也要說。在應當說到它的地方都要說。自然，說得愈具體，愈生動，就愈好，這正是顯藝術作者身手的所在。又有誰要你大罵日本人的祖宗呢？

你怕犯概念化的毛病，所以你不願意把敵人任意的加以醜化，這當然很對；但是你作品中出現的幾乎是唯一的代表進步力量的一個犧盟會的青年，你為什麼要在他的鼻樑上塗上一塊白的，當作小丑，拿他來大大地開了一頓玩笑，這你為什麼又不怕犯概念化的毛病呢？你說這人物沒有寫好，是限於自己的寫作能力的原故，這是謊話。因為即使是一個寫作能力最差的作者，對於自己所肯定的人物，頂多是寫得不真實，或者片面地誇大了好的一面，卻決不會寫成否定的，把他醜化罷。這裡正表明了你對於你的人物的態度。你的全部同情是在村長身上；你也許覺得日本人還可原諒；你最厭惡的是中國官吏，即便他們是抗日的，而地位又很低微；而你最看不起的是進步的力量。這就是你在這篇作品中所表示的態度。

你也許要這樣來辯解罷：你之所以把抗日方面的工作人員寫得「十分幼稚」，「兇惡可怕」，不過是為了要反襯出村長內心的「國家觀念」是如此堅牢，並不因任何外力而絲毫減損；但是，我也可以反問一句：把敵人的殘暴描寫或甚至暗示出來，不更可以使你的主人公的由「國家意識」所激發的高尚行動顯得愈加自然，愈加合理嗎？

所以，說你沒有立場，這是一點也沒有冤枉你。你是沒有站在人民的，民族的立場上，至少在這篇小說中所表現出來的是如此。

至於有人說你這篇作品是自然主義，這我卻還是第一次聽到。你那麼憤慨，我看是大可不必的，你的這篇作品實在還夠不上說自然主義哩！自然主義是單純滿足於纖細入微地描寫社會上各種表面的現象，卻不去掘發那些現象之社會的歷史的根柢，對於人，也僅看成是生物的，而沒有看成社會的人。當恩格斯說「現實主義除了細節的真實之外還要真實地表現出典型環境中的典型性格」，他正是道出了現實主義與自然主義之間的區別。專求細節真實呢，還是更著力於創造典型；把人物性格視為先天遺傳呢，還是視為由環境所造成；這就是兩者的區別之重要的標幟。然而就是自然主義者，在他把材料的豐富，和描寫的細緻上，仍然有它可取的地方，問題是在他觀察和搜集材料的著眼點，他研究、比較分析綜合這些材料的方法和能力，他的觀點和立場。不用說，自然主義者在政治上並不一定就站在反動的立場。道聽塗說地抓到一點材料就動手來寫，既沒有詳細佔有材料，又沒有謹慎地用心地來寫，這那裡能說得上什麼自然主義呢，不過是粗製濫造罷了。更何況你又是站在一個錯誤的立場？

但是這裡一個與自然主義相關聯的問題，必須說清楚一下，就是：一個作家即使說了實在的事實，也並不能就等於他說出了真理。然而好

二 狄耕《臘月二十一》

一

臘月二十一，上山村逢集的日子。

清晨，太陽剛從東邊的太嶽山脈的山頭上，露出了紅臉的時候，汾水西岸，通達上山村的道路上，便蠕動起一些小販們的身影。

大廟——村公所門前的廣場已經有了幾個從山上下來趕集的人。他們趕著毛驢的，背著口袋的，把雙手藏在袖管裡，用尋覓的眼光巡視著兩旁的雜貨攤。這時候，小販到的還是很少，有的剛剛支起擺設貨物的木架子，有的剛剛放下了扁擔，只是一兩個賣「老糟」的，一下一下地拉著風箱，在注視著鍋裡冒出來的熱氣。

村公所裡，村長紀有康老早地便從熱被窩裡爬起來了。他不是因為逢集的日子特別興奮，而是被一些不能解決的問題攪得睡不著覺。他擔心著昨天下午劉副官的話，也忘不了那張討債人似地嚴厲的面孔。他知道劉副官辦的是「公事」，動員新戰士還不是為了抗日救國，但是他為難，他實實在在是辦不到。

村裡的青年壯丁，已經動員過四五次了，剩下的還得支應著日本人的修路的差事，而且大家還要過一個團圓年。十五個的數目不算太大，不過，他想，就是打一個對折也辦不到。何況限定的期限今天上午全數交齊！

「這真是……這真是……」他急躁地想著，順手摸起來他的水煙袋，把紙枚兒往炭火盆裡一觸，才覺出這裡邊還沒生火呢。於是，他賭氣地把水煙袋往桌子上一放，大聲地喊道：「小六兒！你個姐入的睡死咧？生火來！」

他站起來，在地上來回地轉著。他想，他這個村長真沒辦法幹。要應付日本人，也要應付抗日的人，常挨雙方的巴掌，日本人常說他：「你的腦筋，壞了壞了的。你幫忙中國兵。」而中國兵呢，又罵他是漢奸！

雖然他常常對人這樣發牢騷，雖然他曾經辭過幾次職，可是兩方面都不答應。縣政府把他的呈文批駁了，呈文後面照例是「礙難照准」四個字。而日本人的話卻來得個痛快：「不幹地不行。」

他又不能棄職逃走，他這裡有家。家裡有五六口人。

他在地上走來走去，越走越覺得心裡紛亂。他在玻璃窗邊把腳步停下，用發紅的眼睛無聊地往外邊望著。對面是「民族革命小學校」的木牌，冷清清地立在那裡，因為放年假的原故，課堂裡靜悄悄地沒有一點聲音。校長（兼任教員和校役）紀永泰是他的侄子，這時正對著初升的陽光在作柔軟體操。他不知為什麼越看越不高興，用手把玻璃敲了一下說：「永泰！你別下這個洋操好不好？你也不嫌麻球煩！」

一切他都覺得可厭，就是他平日最欣賞的、掛在牆上的山水畫，也彷彿變了顏色。

二

他剛端起飯碗門外走進來兩個人。頭一個是劉副官，四十來歲，穿著一件發亮的黑棉袍；後邊是他的勤務兵，二十一二，用一塊白毛巾包著頭。紀有康趕快地放下了飯碗，一口氣地說：「劉副官上炕吃飯，小六兒！到集上割半斤羊肉去，再打半斤酒。來，上炕！」

劉副官似理沒理地看了他一眼，慢吞吞地坐在辦公桌旁的椅子上，用手從桌上的鉛筒裡抽出來一支紙煙，在桌面上砸了兩砸，然後又慢吞吞地把紙煙伸向炭火裡去，拉出來猛吸了兩口，在煙霧裡道：「那十五個——」

「先吃飯，」紀有康打斷了他的話。「什麼事也得吃飽了再說，來，上來！」

實際上，紀有康一口也吃不下去，他幾次把飯碗舉到嘴邊又放下去了。他心裡在計畫著用什麼話來擋塞劉副官。「那是，」他心裡說。「抗日救國，自然要新兵，可是咱村裡——」他想不下去了，這都是沒用的話，昨天已經和劉副官講過了三四遍。「現在快過年了，」他心裡又說。「誰家還不想過個團圓年，等到——」有什麼用呢？不是也說過三四遍了麼？

門一開，又進來兩個人。看樣子是走過一段很長的路，兩個人的肩上都落滿了塵土。紀有康在內心裡打了一個寒噤，他想，糟了，今天大概又要出「嘮叨」。頭一個是縣政府的一科長，是自己的直接上司，別看他年輕，自己卻領教過這青年科長的軟硬兼施的手段；第二個是出名的「笑面虎」的賈巡官，名之為「笑面虎」，他的為人自然可知。他慌亂地在炕上站了起來，勉強地笑著說：「你看，科長親自下來了，快上炕，吃飯，小六兒，再割一斤肉去，一斤酒，快！」

一科長搖了搖頭，疲勞地坐了剛才劉副官坐的那把椅子上，用詢問的眼光望著劉副官。

「都不是外人，這位是三十四軍的劉副官，這是我們的張科長，這位是公安局的賈巡官。上來……小六兒……你這個死娃！……上來科長，喝熱酒。」

一科長又搖了搖頭，提起棉袍的前襟來打了半天腳，然後微笑著說：「我們剛吃過飯。」

屋子裡沈默了一下，從窗外送進來各種的叫賣聲音。

「今天到此，非為別故，」笑面虎笑著。「你給縣政府搞五大石麥子，好過年。」

「五大石？」紀有康幾乎叫了起來。「今年的麥……」

「我們是餓急了，」一科長補充著。「稍微有辦法，我還不至於親自下來。既然下來，你就可以想到情形的嚴重。」

「我知道，科長親自下來那一定是……可是……」他說不下去了，掏出手巾來擦了一下汗。

「上山村可是出麥的好地方呀。」賈巡官向著一科長擠了擠眼。「別的不講，就憑科長和我兩個人，五大石，值不值？」

紀有康用手搔著光頭，猛然從炕上跳下來，把一科長拉了一把道：「我和科長到外邊去說幾句話。」

走出廟門，集場上正是熱鬧著。近千的人頭在空中晃動，一些紅紅綠綠的「神紙」在微風裡響著，偶而從一個角落裡響著試放的爆竹聲。賣菜蔬的小車旁圍滿著許多人，幾支粗大的稱桿在半空裡晃來晃去，各色的洋布鋪滿了一地，那些懸在架子上的紅肉，那些堆了一板的香燭……小孩的玩具……人聲像那沸騰的水，起落著。

紀有康的耳朵裡彷彿雷鳴，他的心更加紛亂了。他把一科長拉到了牆邊，搔著禿頭道：「科長！你家看，屋子裡的那個劉副官，今天上午就要十五個新戰士……你家又是五大石麥……叫我……我……咱村裡實在……」

「不算多，」科長仍是微笑著說。「我決不會使你為難的。」

「可是……可是……你家可憐可憐……」

微笑在一科長的臉上消逝了。他皺著眉頭說：「你也得可憐可憐我呀，三十多裡路，冒著險來到游擊區，如果空手而回，你難道不知道縣長的脾氣？

況且，這是公事，你明白啦？」拍了他一掌，一科長轉回去了。

紀有康正想追上去，但當他看見從集場裡向他走來的一個人的時候，便很快地止住了腳步。那個人推著一輛腳踏車，歪戴著黑色泥帽，耳邊上戴著一對用貓尾巴作的「耳套」，脖子上吊著一雙皮手套。紀有康偷著向廟裡張望了一眼，急步地迎了前去，對那個人眨眨眼說：「咱走。」

他倆穿行著人群，一邊走一邊低談著。他倆在集場外邊的一個羊肉攤子的旁邊蹲了下來，低低地互相商量著什麼。最後那個人顯然地有些不耐煩，扶起了放在地下的車子，左腳踏著踏板說：「辦不辦隨你，日本人的脾氣你可知道。三天以裡，送不到四十個人，日本人可就要沿家抓人，聽清楚。」話沒說完，把皮手套戴在手上，一提腿跨上坐位，他飛走了。

紀有康像一根電線桿子直立在那裡，他心裡覺得一陣無涯的煩惱。他嗅到了新年的氣味，那焚燒著的香的煙，飄蕩著的爆竹的火藥味……穿著紅紅綠綠的小腳的女人……掛在驢背上的羊肉……「人家都準備過年了，」他惆悵地想。「又是今天……五大石麥子……十五個新戰士……四十個修路的……還有！姐入的！」

「村長，村長！」小六兒從人群裡鑽了出來，氣喘喘地對他道。「回走，家裡又有一個人找你。」

三

一個十七八歲的青年，穿著一身黑色的學生裝，正站在屋子當中的地上，揮動著右臂和一科長講話。一見紀有康進來，立刻轉過臉來對他說：「這位就是村長吧？……我代表全中國的抗戰將士來向你行一個最敬禮。我是犧盟會的，今天是因為一件非常重要的事來和你談。村長，快過年了，你們都在歡天喜地在準備著過年；但是，在前方，在火線上，我們的三百萬同胞還在敵人的飛機大炮下流著血。他們是中華民族最優秀的子孫，為了中華民族的存亡——」

「別說咧，」紀有康哭喪著臉。「要什麼說直話，越多說我越糊塗。」

「一百雙棉鞋。村長同志。」青年人微一停頓，接著又揮動著右臂道。「一百雙。敬愛的村長同志，這些鞋不是我們穿，是送給前方戰士的。現在雁門關外的雪地上，我們英勇的——」

「不要再說，我明白啦，一百雙棉鞋不是？」他拭著汗水坐到炕沿上，端起茶杯來又放下，拿起水煙袋又放下。他的額上的血管膨脹著，兩隻發紅的眼睛閉起來了。兩分鐘後，他猛地張開了眼睛道。「你家看看，這屋裡的人……這不是劉副官？今天下午要十五個人。這是張科長，要五大石麥子。你又是一百雙鞋。還有……我辦不到這些，我不能讓老百姓去上吊……槍崩了我也辦不到！我是中國人，我知道國家的難處，可是……你們也得想想我家的難處……劉副官你先回去，過了正月十五再說，張科長你也先回去，過幾天給你送一大石去。準耽誤不了過年。鞋呀，咱們先別說數目，收起幾雙算幾雙……」

「敬愛的村長同志，這樣就未免——」

「不行！」劉副官厲聲地說。「少一個也不行，多一天也不行。我早就知道，你給日本人派差事可不推辭，現在——不行！」

「不行，隨便吧。」紀有康把頭貼在牆上，閉起眼睛來說。「我一個人，反正也過不好年啦，隨便……」

「帶著他走！」劉副官大聲咆哮著。「你跟我放賴？張德貴，綁起他來，這是個漢奸！」

「不要發脾氣，同志。」賈巡官阻攔著。「你把他拉走，村裡的事誰來辦呢？有事大家慢慢商量，他也有他的難處……」

「不行，張德貴，綁起他來！」

「慢一些，」一科長板起面孔道。「無論如何，他是政府的工作人員，你們不應該這樣，照手續，要通過縣政府。」

「我不管，」劉副官跳了起來。「他是漢奸，我要辦漢奸！」

「對，對……我是漢奸……我是漢奸……」紀有康顫著嘴唇說。

「同志們，同志們！」那個青年人站在炕上，揮動著右臂說。「千萬不要發生內部矛盾。看看吧，敵人的刺刀距離著我們的胸前不遠，我們應要互相諒解，我們要團結起來！」

「我不管，」劉副官固執地叫。「他是漢奸，帶著他走。」

「但是，你必須通過縣政府。」

「有事兒慢慢商量，他也有他的難處……」

「同志們，同志們，我們不應該再鬧意氣之爭。十年內戰的教訓還不夠麼？大家都是中國人，中國人應該堅持統一戰線，我們的敵人只有一個，那就是日本帝國主義！」

紀有康一個字也聽不清，耳朵裡只覺得嗡嗡亂響。這時集場裡的人聲也高漲著，一陣一陣地從窗外蕩了進來。突然，校長紀永泰拿著一卷寫對聯用的紅紙，從門外跑進來說：「那日本隊伍來咧！」

像獵人在樹林裡放了一槍，嘈叫著的鳥聲立刻寂然了。

青年人從炕上跳下，一把拉住了紀有康說：「村長同志，敵人來了，請你念在都是中國人的分上……」

劉副官的臉色變白了，回頭命令著張德貴道：「走！」

「走不得！」紀有康如夢初醒地叫著。「走不得。日本人一來就先包圍村子，你們出去，就是找死……」他說著，忙從褥子底下拉出一包敵人的宣傳品，慌亂地用漿糊貼到牆上，然後給了每人一張「良民證」，略一思索，一口氣地道。「劉副官進廚房作飯去，張德貴去擔水，扁擔在廚房裡，井就在門外……這個犧盟會的同志，坐到桌子旁邊去給我寫帳……」他一眼落到了紀永泰的臉上，跺著腳說。「你個姐入的，死咧？還不快給我翻牌子去！」

廟外的聲音忽然寂靜下來，屋裡的人幾乎可以聽到彼此的呼吸聲。紀有康搔了搔光頭，對一科長說：「大概快來咧，走，我家外邊趕集去！」

他們走了出來。「民族革命小學校」的牌子，已經換成了「新民小學校」。

三　評說

周揚加給作品的罪狀是：沒有立場。也就是沒有站在人民的立場、民族的立場上。帽子夠可怕的了。不妨看看周揚為了坐實他的這個指責擺出的一些論據，是不是經得起推敲。

所謂「把敵人和中國政府的壓迫描寫成同樣的」。根據是村長的那一段常常對人發的牢騷。單看那段牢騷，確是將兩方面相提並論了。然而，看了村長在實際行動上的表現，就能知道他並沒有將兩方面相提並論。連周揚都承認：「他雖然被罵為漢奸，但他的心底是深深潛藏著民族觀念的。所以不管縣政府工作人員對他如何不公平的，兇狠可怕的待遇，他在最後緊要關頭，仍然站在了自己國家的方面。」這不是自我否定了加給對方的帽子嗎？牢騷，是一個人在處境困難時情緒一時激動的產物，不能以此論定一個人的常規思想狀態。不從整個作品著眼，貿然斷言「把敵人和中國政府的壓迫描寫成同樣的」，太輕率了。

所謂「與本國政府人員的兇暴相比，敵人的統治並不可怕」。但，作品實際並非如此。劉副官確實「凶得可怕」，由於村長沒有按照他的旨意辦事，他指著村長大罵「漢奸」，狂吼著叫勤務兵把村長捆起來。但是，說「與本國政府人員的兇暴相比，敵人的統治並不可怕」，卻是太武斷了。作品寫得很清楚，一聲聽說日本兵已經把村子包圍了，那個蠻橫可怕的劉副官立馬萎了下去，老老實實地聽從村長的調動，到廚房裡當「廚師」去了。——究竟是劉副官可怕還是敵人可怕，不是明若觀火嗎？周揚說，「兩者相形之下，實在還是敵人天真可掬一些呢」。居然從敵人「你的腦筋，壞了壞了的」的威嚇中看出「天真可掬」的一面，太難以理解了。

所謂「由你所描寫的市集的繁榮，也顯得敵寇鐵蹄所至的地區果然是有一番太平的氣象」。作者在給周揚的信裡談到魯藝對作品的誤解時就有解釋：「我寫的不是敵佔區，而是游擊區。游擊區的繁榮是環境促成的，大城市喪失了，就是大的鎮店也大半淪陷，於是游擊區便成了這空前的繁榮，而況上山村是沿山的一個村落，它是敵佔區和山裡人的集會地；更何況是臘月二十一——傍年的一個集會。」周揚顯然不相信作者的解釋，所以重提集市問題。自己呆在遠離游擊區的延安，不瞭解情況，還自以為是，太主觀了。

所謂「你的全部同情是在村長身上；你也許覺得日本人還可原諒；你最厭惡的是中國官吏，即便他們是抗日的，而地位又很低微；而你最看不起的是進步的力量。這就是你在這篇作品中所表示的態度。」

「你的全部同情是在村長身上」。——村長關心本村老百姓的疾苦，敢於頂住上級不合理的攤派，而在日本兵包圍村子之際，不計前嫌地保護了劉副官等人。對於這樣的好幹部，作者傾注了全部同情，何錯之有？

「你也許覺得日本人還可原諒」。——純屬不負責的誅心之論。

「你最厭惡的是中國官吏，即便他們是抗日的，而地位又很低微」。——厭惡的是他們中間官僚主義嚴重的人物。如果真是「最厭惡的是中國官吏，即便他們是抗日的」，作者豈不成了日本鬼子的忠實走狗了嗎？

「你最看不起的是進步的力量」。——把那個犧盟會的小青年寫得有點可笑，就是「最看不起的是進步的力量」了？不考慮村民的實際承受力，要求拿出一百雙棉鞋，對於這樣的幹部作一些諷刺性的描寫，有助於突現對不合理攤派的諷刺力度。一九四〇年以前，某些剛參加革命工作的小青年，就是那一副摸樣，扯不到「當作小丑，拿他來大大地開了一頓玩笑」上面去。

周揚擺出的論據，沒有一條是經得起推敲的。周揚加給狄耕的「你是沒有站在人民的、民族的立場上」的罪名，純屬無中生有。

周揚還對作品沒有正面揭露與控訴敵人的殘暴表示不滿：「不錯，敵人在我國的暴行，是世界周知的事，但是抗議這些暴行，用我們自己的飽含憤怒的聲音，來向全世界一切有正義感的人們申訴，是每個有民族觀念的中國國民的責任；作者們就用自己的文章來盡這一份責任。大文章裡要說，小文章裡也要說。在應當說到它的地方都要說。自然，說得愈具體，愈生動，就愈好，這正是顯藝術作者身手的所在。」——這篇作品的主題是：諷刺抗日統一戰線內部一些掌權者不顧游擊區人民的困難，以抗日的名義向老百姓亂攤派的現象。作品主要是針對統一戰線內部的矛盾的，揭露敵人只能作為陪襯。現在周揚卻要求作者把揭露與控訴敵人的殘暴作為主要內容加以處理，「大文章裡要說，小文章裡也要說」。這就給創作制定僵化的條條框框，徹底否定了題材的豐富多樣性。「左」的教條主義嚴重到這個地步，真是令人啼笑皆非。

談到作品的真實性時，周揚教導說：「我希望你對真實性有個正確的理解。藝術真實並不等於個別事實，也不等於好些現實加在一起，而是把事實加以分析和綜合，從中找出典型的本質的東西。」「藝術真實並不等於個別事實，也不等於好些現實加在一起」，是正確的；但是「把事實加以分析和綜合，從中找出典型的本質的東西」，卻是仁者見仁智者見智的事情。例子就在眼前：周揚認為《臘月二十一》是歪曲現實的作品，而我卻認為作者是從中找出典型的本質的東西的。衡量的標準是什麼，很值得研究。

狄耕寫信給周揚，原是希望周揚能替他說幾句公道話的，沒想到遭到周揚一頓惡訓，不知道他作何感想。

《臘月二十一》原是作為配合整風運動的好作品於八月四日發表出來的，到了十一月八日，發表周揚的回信時，編者卻加了這樣一個自相矛盾的按語：「《臘月二十一》發表在四月八日（按：應是八月四日）本報，內容錯誤頗多；敵友混淆，殊失應有之立場。茲由周揚同志來文，特發表於此。」表示周揚的信不是作為討論之用，而是對作品下最後判決的。既然「內容錯誤頗多；

敵友混淆，殊失應有之立場」，當時竟作為配合整風運動的好作品發表出來，豈不是編輯工作中的一大失誤嗎？編者如果聰明，滿可以不加按語含混過去。他卻偏要來一個按語，表示完全同意周揚的意見，好像自己一貫正確並無失誤似地。這就很不足為訓了。——八月和十一月，那時副刊的主編都是舒群，報社的社長都是博古。

周揚在魯藝的「搶救運動」中

一九四三年，在毛澤東的領導下，根據地發動了一場以深挖敵特為目的名之曰「搶救運動」的運動。周揚在魯藝「搶救運動」中是運動的領導人。他當時是魯藝的副院長，正院長吳玉章只是掛名而已，實際主持人是周揚。運動進行到中途，外面三個單位與魯藝合併，成立延安大學。校長是吳玉章，還只是掛名，周揚是主持工作的副校長。「搶救運動」由周揚統一領導。各個單位的運動仍由原單位領導具體掌握。周揚在魯藝的「搶救運動」中的作為，公開發表的文章極少涉及。但，僅憑有限的材料，已不難窺見作為魯藝「搶救運動」的領導人周揚的表現。

主持運動的戰績

兩個數字看出戰績：

挖出「特務」和「特嫌分子」：至少二百六十七人。

非正常死亡：至少六人。

一九四三年七月十五日以前，在不公開進行的審幹和清查內奸運動中，周揚主持的魯藝已經於四月份挖出「特務」二十九人，五月中旬又挖出「特務」二十三人。七月十五日起，轉為群眾性的「搶救運動」，魯藝更一舉挖出「特務」和「特嫌分子」二百多人。魯藝師生員工共三百多人，被打成「失足者」至少達二百六十七人。可謂戰績輝煌。名單沒有公開，一般材料中提到的有：晉駝、方傑、公木，李又然、江豐、魯藜、侯唯動、李納、駱文、潘之汀、洪禹、葉茵、蔡光華、劉披雲、石泊夫、高洛英、杜矢甲、陳鐵耕、胡徵、張元芳、林白、王大化、劉熾、安波、杜夏、賀敬之。不足十分之一。

運動中非正常死亡的總數不詳。公開發表的材料中記載的，有這麼四起：一件見之於李納的訪談：「美術部有個石泊夫，三十年代在上海參加左聯，不知什麼問題被抓走。他的老婆在一天晚上把窗戶堵死，燒一盆炭火，兩個孩子和她一起燒死。」「第二天在大操場召開大會，周揚宣佈了這件事，他沒說是什麼性質的問題，只說他自絕於人民，把孩子都拉起和自己一同去死，可見她對黨的仇恨多大。」[8]一件見之於《彥涵傳》：「彥涵（葉按：彥涵當時是魯

[8]《與李納談周揚》，李輝編著《搖盪的秋千》，海天出版社一九九八年版，第一四〇頁。

藝美術系教員）親眼看到一個臉色蒼白、滿臉淚痕的年輕同志，發瘋一般地從關押室裡衝出來，後面看守的人一把沒攔住，他便從屋前的懸崖上跳了下去，在他縱身跳下去的那一瞬間，嘴裡大聲哭喊著『冤枉啊——』，聲音一直飄到溝底。[9]還有兩起是兩個學員投延河自殺。說至少六人，是因為不知道除了這幾起外是否還有別的。人命關天，就算只死六人，也已夠令人毛骨悚然了。

據知情者透露，運動過後經過反覆核查，魯藝沒有一個是階級敵人的。

取得戰績的手段

蕭軍一九四四年六月二十六日的日記，記載著劉披雲在甄別討論會上的發言，對周揚的做法作這樣評斷：

> 周揚肯定別人是特務的自信心太大，發明了「野火政策」亂燒一陣。一般方法是：勸、談、攻、爭、打、罵、嚇、詐、遠牽近扯、脫離原則，事先肯定。[10]

[9] 孫志遠《感謝苦難——彥涵傳》，人民文學出版社一九九七年版，第二四二頁。

[10] 《蕭軍全集》，華夏出版社二〇〇八年版，第十九卷第四二七頁。

蕭軍記下的是劉披雲發言的提要，是經過蕭軍高度概括的。但這個提要已經把周揚領導的魯藝「搶救運動」的特色，一針見血地道出了。

結合其他材料，周揚實行的「野火政策」可以歸結為這麼三條：

一、大膽懷疑，大膽肯定。

「周揚肯定別人是特務的自信心太大」，——寫得比較含蓄，其實就是大膽懷疑，大膽肯定。僅憑主持者神經過敏的一點主觀猜測，就草率確定對方是「特務」。當時認為甘肅、四川、河南等省的地下黨已經成為「紅旗黨」，即「打著紅旗反紅旗」的黨，凡這些省來的黨員都作為「搶救」對象。家庭出身不好、社會關係複雜、平日愛發牢騷愛傳小道消息的，也都是「搶救」對象。與挖出的「特務」關係較好的，也是「搶救」對象。

當時的學員侯唯動提供的情況很有意思。他到延安後，寫了不少歌頌共產黨和根據地軍民的詩篇。「搶救運動」時，周揚在魯藝大會上提到他，說這個特務有「雙重人格」，奉國民黨之命前來延安進行破壞活動，看見新生活，被「陶醉」了，就詩興大發。[11]周揚是先憑主觀認定侯唯動是國民黨派來的「特務」，然後對侯唯動在延安的一系列革命行動作出符合他主觀的解釋。歸根結

[11] 見《從讀者中走向胡風》，曉風主編《我與胡風》增補本，寧夏人民出版社二〇〇三年版，第三五六——三五七頁。

帝，即使寫了歌頌的詩篇，「特務」的本相還是隱藏不過去，逃不過我周揚的火眼金睛的。只要他認為你是「特務」，就有辦法把你證明成「特務」。

二、逼取口供，不擇手段。

逼取口供，僅從「勸、談、攻、爭、打、罵、嚇、詐、遠牽近扯」這幾個字，是看不出它的殘酷性，聞不出它的血腥氣的。從有關的材料可以知道，那是用了人海戰術，晝夜不停地對被認為是「特務」的對象進行輪番的疲勞轟炸，其間拳腳交加，鞭棍齊下，無所不用其極。一個常人在暴力的折磨超過他能承受的極限時，你要他說什麼他就說什麼了。

周揚還在院部辦公室旁搞了一個禁閉室，直屬院部領導。為了逼取口供，「經常打人、吊人，畫著圈圈叫犯人站在中間，不反省就不能出這個圈圈。如有一位孩子的母親名叫張元芳，她與孕婦林白都被關了禁閉，有幾次飯不給她們吃，兩三天沒有給她們水喝，棉衣早發下了，但是某些單位壓著不送給她們」。[12]

三、親自示範，大打出手。

周揚不僅鼓勵積極分子打人罵人，他也親自出馬，打人罵人，起示範帶

[12] 《延大魯藝三年來審幹運動總結》，轉引自朱鴻召《延安日常生活中的歷史》，廣西師範大學出版社二〇〇七年版，第一三三頁。

頭作用。這在當時領導運動的高級幹部裡，是罕見的。這一情況，是解放後來自延安的吳奚如親口告訴胡風的。胡風在一九四九年二月八日的日記中記載：「走廊上遇見了吳奚如，進來閒談了一會，知道了一些朋友的消息。周揚在魯藝整風，罵人打人。」[13]有著首長的親自示範帶頭，「野火」自然越燒越邪乎了。

由於當年的受害者不願重提往事，目前我們看不到回憶自己受迫害全過程的文章。這裡，只能就見到的兩份記敘得很不完整的材料，作些評說，以見周揚的「野火政策」的具體面目。

第一份材料：李納的訪談。李納，魯藝學員。這是她在一九九三年九月接受記者訪問時的一段講話：

> 他（葉按：指周揚）主持大會，做報告。每次做報告都是號召有問題的坦白交代，不要等待觀望，不要存僥倖心理。做過的事情是客觀存在，抹不掉，早日坦白，輕裝上陣。他惋惜我們這代青年，有心革命，但卻上了國民黨紅旗政策的當，是很不幸的。他說責任不在你們身上，

[13]《胡風全集》，湖北人民出版社一九九九年版，第十卷第二頁。

坦白了就好。但是若要負隅頑抗，那就由自己負責了。大家聽了很不高興。自己最明白自己了，並沒有受什麼欺騙，是甘心來延安受苦抗日的。[14]

抄一個女同學的家，這個女同學崇拜蕭軍，平時喜歡講講怪論。從她那裡找到一本托派的著作，這書是她從我這裡借的。我也是借來的，也不知道是托派的著作。她說出是我借的，自然就會懷疑到我。「搶救失足者」到了末期，勸說小組找我談話，頭一句就問我：「你相不相信組織？」我說：「相信。」又說：「你既然相信組織，那麼組織說你有問題，你就有問題。」我真如五雷轟頂，接受不了，真想跳崖算了。[15]

周揚，作為魯藝「搶救運動」的最高領導，他在大會上的發言內容，鮮見透露，這裡揭示了報告的主要內容，很有價值。報告表示了對「失足者」的惋惜，認為他們都是誤入歧途的，這倒似乎有那麼點人情味。但周揚完全是認定那些被「搶救」對象都是「特務」為出發點的，目的在於脅迫無辜者承認自己

14 李輝《與李納談周揚》，《搖盪的秋千》，海天出版社一九九八年版，第一三九——一四〇頁。

15 《搖盪的秋千》第一三九頁

是「特務」。以同情「失足者」的面貌出現，意圖達到陷害無辜者的目的，具有「笑面虎」的特色。

李納談到她被挖出的情況，雖然沒有提到周揚，然而，對於李納這樣的要犯，居然會不經過周揚的指示就進行審訊，那是無法想像的。可惜的是，李納沒有把審訊的全過程說出來，不然，當會窺見躲在幕後的周揚的一些動態的。

第二份材料：駱文的回憶。駱文，戲劇系的學員，畢業後留校工作。駱文的回憶感情態度頗為奇特。周揚是當年整他的殺手，他卻把他當作仁慈的長者來歌頌。但這並不妨礙我們透過現象看到事情的真相。

山陡岩峭的日子來了，整風運動加進一支插曲。我和很多魯藝人一樣被隔離、被審查。不同的是，由於愛人住院，我留在自己的小屋帶孩子，沒有給弄到別的地方去。一九四二年一個冬夜，周揚電話通知有關方面要我到山上去談話。我用小被裹著一歲的孩子去了。到了他的窯洞，他要我把孩子放在床上。然後，他看著我，問：「緊張嗎？」「運動開始有點緊張，現在好些了。」「你們到延安來的都是進步青年，可是為什麼在外面，在你們中間混進那麼多壞人特務？」我很驚詫，說「這不是事實。」「不是事實？」「請讓我講點情況。」「可以講講，可以不要顧慮。」「我們同十八集團軍辦事處張穎交往很久了，重慶曾家岩周副主席那裡我們也去過幾次。臨了，是周恩來副主席要張穎通知我們立即到紅岩村，準備去陝北。到了紅岩村，龍飛虎幫我們搞了作八路軍家屬的假身分，為防止重慶青木關、內江、成都、綿陽、劍門關、漢中、褒城直到寶雞的各個關口國民黨和叛徒的檢查，不得不用一套假身分來應付。」「這麼說你不是國民黨？」「如果我是，我就不來這邊區了。」我情不自禁地望瞭望床上的小兒，他說：「不會凍著的。」邊說邊用被角把小傢伙搭上。「那麼，你沒有什麼事要坦白交代？」「我已經談了多次實情。」我大著膽子講：「周揚同志您早年在上海待過，也接觸過進步青年，您也一定瞭解他們……」我本想說說一九三三年在上海參加左翼劇聯和金山一起搞工人藍衫劇團，但話到嘴邊又咽下去了。那樣，被認為「打著紅旗反紅旗」，罪名可就更不得了。所以我只說了上邊那幾句。他聽了「嗯」了一聲。而後，沉默片刻，他是不是在思考往事？那次我在放羊，跟他說過「我又不是被貶的人」，他會不會在一起思考各種事情呢？我請示：「沒有什麼事我就走了。」他點點頭，囑咐「反正正確對待運動。抱著孩子好好下山」。

這時，周立波、陳荒煤、袁文殊，好像還有姚時曉，幾位作家接受任務，集體趕寫了話劇《搶救失足者》，水華導演。要我演主角，朱平康演配角。劇情是一個特務領導另一個人，他們潛入延安進行破壞活動。我演的當然是特務，平康則演被領導者。我請求水華解釋：「我是學戲劇文學的，演不了戲。」他則說：「親自演，體會會更深刻。」不言而喻，領導、作家、藝術家已經把我定性了。順便說一句，他們中也有挨整的人，話說得言不由衷。

戲，只排了兩場，忽然停頓下來，也不知道什麼原因。

戲劇系審查我的人，夜晚又把我叫去了。後來聽說這叫「車輪戰」，又叫「夜審」。

在一個石窯洞。審查者在炭火盆上燉著一瓦罐紅棗，散發出西北土產的香味。但炭火的二氧化碳和他們噴出的煙氣交雜，極其熏人。

我抱著孩子，他們喝令我把孩子放隔壁。我說：「那邊是冷屋子，小傢伙會凍病的」。「等著他凍成肺病吧，活該。」我忍著無可奈何的痛苦把孩子送到冰窯的炕上。他們說：「你們這些特務混在青年中，我們看幾幾乎乎沒有進步青年了。」我說：「誰是特務？」「你，你就是許許多多中的一個。想賴？」我沒有吭聲。「不吭聲也算數。」「你們不要再冤枉好人了，冤枉得夠多了。」他們大言不慚：「就把特務打個比方吧，站著看地上一個螞蟻也沒有；蹲下看滿地都是螞蟻。」「這看法很不對。」「這是康生說的，他說的話你們敢說不對！」「不對就是不對嘛。」「中央領導指示：特務之多勢所必然，你也敢反抗？」他們狂怒，巴掌摑到我臉上。「滾！滾！」我從冷屋抱起孩子，在紛紛揚揚的雪花中回到自己小屋。我洗掉流在我唇邊的鼻血，但我沒有流一滴眼淚。

周揚在東山和我談話，對我的事固然沒有圓滿的句號，但他的態度是很好的。他決沒有胡亂地整人。而且，明顯看得出他對青年，他對運動在思索。

沒有幾天，周揚發話了：「話劇停排了沒有？告訴水華不要再排了。駱文他們也不要背臺詞了。」這齣話劇就在這當口廢掉了。後來知道，周恩來副主席自重慶回延安，根據他的分析建議黨中央討論，認為整風是正確的，完全必要的，但搶救運動是不適當的，是錯誤的，應予糾正。戲劇系負責人張庚對我說：「你們的事不再提了。」我想，「搶救失足者」也就不了了之了吧。我們雖經受一段極大痛苦，彼時，像對過眼雲煙也沒怎麼介意。[16]

在評述駱文這番話之前，需要糾正一個時間錯誤。從駱文的敘述看，他「和很多魯藝人一樣被隔離」的時間是一九四二年冬，這顯然是誤記。「很多魯藝人」被隔離是在一九四三年四月一日晚，而絕對不會是一九四二年冬。在這之前，並沒「很多魯藝人」被隔離。四月的延安，還是很冷的。蕭軍一九四三年四月六日的日記就記載：「夜間大雪二寸。上午繼續落雪並且很冷。」[17]駱文寫回憶文的時候，只記住當年他被隔離的時候天氣很冷，誤以為那應該是歲末；他卻忘記了第二年的四月在延安還是很冷的。那次逮捕行動魯

16 《延安時代，他總在思考探索》，王蒙、袁鷹編《憶周揚》，內蒙古人民出版社一九九八年版第六五——六七頁。

17 《蕭軍全集》第十九卷第七二一頁

藝共捕二十九人，送交邊區保安處關押審訊的是二十八人，另有一人即駱文，因愛人住院小孩無人照顧被幽禁在自己家裡。那時，第二次逮捕行動還沒開始，留在魯藝的「失足者」只有駱文一人。周揚，就是在這樣的情況下提審駱文的。

駱文是懷著對周揚的深深的感激之情寫出這段回憶的。在他溫情脈脈的筆下，周揚簡直成了救苦救難觀世音菩薩的化身。然而，這並不妨礙我們透過渾身光華的形象看到一個真實的周揚。

周揚對他採取的是「懷柔政策」。他提審駱文前，理所當然地會把駱文的檔案材料從頭到尾認真看過的。他本來無須讓駱文把自己的情況講述一遍。他所以讓他講，無非是意圖從他的講述中發現矛盾，從而逼他坦白交代罪行。沒有想到聽了駱文的講述找不出什麼岔來，只好暫時讓他回去。為了把「懷柔政策」進行到底，臨走時還親切地囑咐：「反正正確對待運動，抱著孩子好好下山。」這是希望駱文能在他的的感化下，最終坦白交代罪行。

不妨說，周揚提審駱文的整個過程，就是「笑面虎」角色演出的過程。

駱文完全被周揚的「懷柔政策」蒙住了眼。不僅當時被蒙住了眼，而且四十年後寫回憶錄的時候依然沒有從被欺蒙中走出。他覺得，周揚對他真是關懷到無微不至的地步了。你看，特意把他叫到他那裡去談話，問他緊張與否，要他不要有顧慮地講講自己的情況；看到他關注孩子，安慰說不會凍著的，還用被角把孩子搭上。臨走的時候，還叫他正確對待運動，抱著孩子好好下山。何等體貼，何等仁慈！如此深恩厚德，無怪寫回憶錄的時候駱文還銘感不忘，聲稱「他的態度是很好的」，「他沒有胡亂地整人」，「而且，明顯看得出他對青年，他對運動在思索」。

看來，周揚的「反正正確對待運動」的囑咐，給他帶來很大幻想。他覺得，經過這次提審，周揚對他已經完全瞭解，已經確認他沒有問題了，只是這是群眾運動，他不便出面保他，只好以「反正正確對待運動」安慰他。這，事實上是向他交了底，只要「正確對待運動」，最後組織會給他一個滿意的結論的。

駱文的被捕，不用說是經過周揚親自審批，認為問題嚴重，必須採取斷然手段的。周揚是一個具有堅定的「黨性」立場和強烈的階級鬥爭意識的幹部，他決不會出爾反爾對駱文的「特務」定性發生任何懷疑，他決不可能忽然對駱文大發慈悲，他的提審決不可能是出於對他的關心。駱文的可悲，就在於沒有認識到這個最基本的情況，——不僅當時沒有認識到這個最基本的情況，就是在四十年後寫回憶錄的時候也沒有認識到這個最基本的情況。

正是在這樣的認識下，他得出「他沒有胡亂地整人」的結論，竟然完全忘卻他被當作「特務」逮捕，正是周揚一手製造的。

正是在這樣的認識下，他對那個荒謬絕倫的話劇的編寫、排練和指定他當特務角色，也給以新的理解，以為那是群眾自發的行動，周揚當時不便阻止。但排了兩場，最後還是周揚出面，發話停排了。周揚發話停排，正反映了他當初對這個話劇從編寫到排練到指定他當特務角色，都是持消極無奈態度的。其實，話劇的策劃人是周揚，指定要駱文演特務的也是周揚，這是任何一個旁觀者都看得清清楚楚的。不是周揚策劃，周立波等人是決不會自發地去編寫那麼個劇本的，水華等人也決不會逼他這個不會演戲的人去演特務角色的。周揚所以在排練了兩場之後發話停排，更不是對駱文動了惻隱之心。據我推測，可能是周揚忽然發現劇本存在致命問題。人民的舞臺理應由工農兵英雄人物當主角，現在這個話劇竟讓一個特務當主角，這不是犯了路線錯誤嗎！他大概讓周立波等人去修改，可能改了幾遍不如人意，只好下馬。也許有人認為我的推測有些主觀，即使如此，也不能證明駱文把停排之舉理解為周揚對他的關懷是正確的。

也正是在駱文的錯誤認識下，以為那場殘酷的「夜審」只是戲劇系審查小組的自發行動，周揚對他愛莫能助。事實是，沒有周揚的指示，戲劇系任何人都不會自發地搞出那麼一場殘酷的「夜審」的。整個魯藝，當時只有一個「特務」關押在他們的轄區，不去批鬥他逼他交代罪行，是不可想像的。周揚的堅定的「黨性」立場和強烈的階級鬥爭意識，決定了他必然不僅要讓不肯老實交代罪行的駱文在「話劇」中演特務，而且必然要對不肯老實交代罪行的駱文進行殘酷的批鬥。

從駱文的敘述看，那次「夜審」之後，就不見有人來打攪他了。個中原因，駱文沒說，似乎在暗示那是周揚起了作用的。其實根本不是那麼回事。原來，那次「夜審」之後不久，延安各單位掀起了又一輪深挖「特務」高潮，周揚也於五月中旬在延安大學發動了大規模的深挖行動，僅僅魯藝就揪出「特務」和「特嫌分子」二十三人。延安各個單位揪出的「特務」和「特嫌分子」總數驚人。除了社會部、西北局和邊區系統逮捕的犯人另有關押的地方外，其他單位挖出的「特務」和「特嫌分子」都得往邊區保安處送。邊區保安處關押犯人的鳳凰山山坡上成層成排的窯洞都已擠滿了犯人，雖然又挖了一些新窯洞，也無濟於事，根本無法容納一下子冒出來的這麼多的犯人。這一大批犯人的關押和審訊，只好由各個單位自行負責了。從五月中旬起，周揚忙於領導魯藝各級負責人解決新犯人的關押問題，忙於對二十三名犯人進行審訊，在戰鬥任務如此繁忙緊張的時候，自然沒有工夫再去審訊批鬥駱文了。

總之，駱文雖然盡力把情況往好裡寫，卻無法掩蓋事實的真面目。我們看到的是一個偽善的周揚。

（附帶說，認為周恩來回延安才把運動停下來，是不確的。周恩來是一九四三年八月二日回到延安參加整風的，而就在半個月前的七月十五日，康生在中央直屬機關幹部大會上做出《搶救失足者》的報告，由此掀起了「搶救運動」的高潮。周恩來即使提出意見，決策中樞也決聽不進去的。何況當時周恩來本人處境困難。四川等省的地下黨都被認作「紅旗黨」，它們大多是屬於南方局領導的，而南方局的負責人就是周恩來。康生甚至把懷疑的目光投向周恩來。「搶救運動」停下來，是一九四四年初的事。只有到了那個時候，黨內的冷靜思考才占了上風。）

更嚴重的是，周揚不僅在他領導的魯藝大抓「特務」，還把手伸到旁的單位抓「特務」。他要抓的「特務」就是蕭軍。這是蕭軍一九四五年到魯藝工作之後才從李又然嘴裡得知的。

> 昨夜李又然來，向我懺悔，過去搶救中，因為周揚欺騙他，逼迫他要招供我是「日本特務」，而且由保安處派來一個叫馬林的說我是日本特務正坦白、被捕、已招供了，他一時為了要「勸我」，竟寫上了我底名字，後來他知道這裡是欺騙，他堅持否認，於是他們把他送保安處。[18]

蕭軍僥倖逃過周揚這一關。太可怕了。

周揚不僅擅於發現「特務」，而且擅於處理已經挖出來的「特務」。他把拒不坦白的「特務」和「特嫌分子」送交保安處和西北公學看守所。把主動坦白和經幫助而坦白的，分成兩波，一撥從事高強度的工業勞動，一撥從事高強度的農業勞動。前者美其名曰「魯藝工業生產合作社」，後者美其名曰「農

18《蕭軍全集》第十九卷第六七〇頁

業生產合作社」。犯人們把它們稱為「勞動營、集中營，和國民黨一樣」。但周揚在魯藝審幹總結中卻沾沾自喜地稱：「不可否認，『工農合』在魯藝生產任務的完成上是起了重要的作用的，對知識份子思想意識的鍛煉亦有某些作用。」[19]典型的自己永遠正確的衙門腔調！

載道怨聲

周揚領導的魯藝「搶救運動」，後果嚴重，影響惡劣，怨聲載道。這裡僅從公開的材料中拈出幾個例子。

劉披雲的怨聲（蕭軍一九四四年六月二十六日日記所記）：

> 他第二天又說出了一般人底心理：消極、動搖、抱怨、不滿、逃跑、打死拉倒、報復、反叛、謹小慎微、被動、失掉信任、保衛工作——麻木不仁、驚慌失措。歪曲了治病救人、實事求是的方針：發揚了統治階級的舊傳統——寃枉三千，不漏一人。[20]

19 《延大魯藝三年來審幹運動總結》，轉引自朱鴻召《延安日常生活中的歷史》，第一三三——一三四頁。

20 《蕭軍全集》第十九卷第四二七頁。

李又然的怨聲（蕭軍一九四五年二月八日日記所記）：

回來李又然送我到半路，他傾訴自己這次搶救中被侮辱與損害的痛苦和憤怒，以及周揚一夥——立波、嚴文井等——可惡的行徑，這雖然使我憤怒，但我還是冷靜地安慰他，強健身體和精神。因為戰鬥是長期而韌性的啊！[21]

兩個受害人的「怨聲」已夠說明一切，無須我來喋喋了。

蕭軍雖然僥倖地逃過了「搶救」這一關，但他寫在一九四四年六月三日的日記中的怨聲，也很有意義：

上午羅烽發言感情很激動，他說周揚對於他底陷害，（下略）

下午我發言，（中略）在發言中，因為觸到了一些人底感情，他們竟不能克制地哭了，我的淚也浮上了眼睛。

[21] 《蕭軍全集》第十九卷第六〇五頁

「回想起在哈爾濱一些朋友、同志……如今死的死了，無消息的無消息，僅僅餘下了幾個人，他們千辛萬苦逃出了敵人各種侮辱和迫害，身上還帶著敵人所給與的未好的創疤來到延安，滿想把自己最後一滴血加進革命隊伍裡來……誰想到所得的卻是如此的結果……不管他們的理性上如何明白……但在一生的靈魂上究竟是一個可悲痛的負擔……（中略）周揚他是一貫以殘害同志為作風的，他指過胡風為內奸，馮雪峰為假共產黨員，文藝青年柏山為內奸，結果入獄……不知道他如今是否改變了這作風……」

我話大致意思是如此。

（略）

那些被「搶救」過的人，全有憤不欲生、哭、恐懼的經歷，落頭髮、死底恐懼準備等。[22]

「不管他們的理性上如何明白」，「但在一生的靈魂上究竟是一個可悲痛的負擔」，這是極中肯極沉痛的抉發

22《蕭軍全集》第十九卷第四〇六頁

寫在一九四五年三月十三日的日記：

搶救中有的上吊，如今繩痕宛在；吞石子，杜矢甲跳過井……

（略）

如今一般受過損害的，他們在心理上已經形成了一個共同的「階級」，普遍對共產黨採取了距離和冷淡，對於毛澤東以下全降低了他們的「威信」！我是以？號的眼睛看待與相信一切，同時以共產黨如何來位置那些「搶官」們的地位來測量他們的進步。如果他們再包庇、回護、重用這些被多數所憎惡和懷恨的分子，共產黨底將來不滅亡也要遭到嚴重的損失和分裂！[23]

[23]《蕭軍全集》第十九卷第六二〇頁

「以共產黨如何來位置那些『搶官』們的地位來測量他們的進步」，已經不是怨聲，而是憂心忡忡的諍言了。

一九四五年七月七日的日記：

晚飯後和江豐散步在將漲過水的小河邊，談論一些「搶救」時情形，以及一些青年們內心消極、渙散的思想感情。

「這是一個夢啊！可恥的夢啊！」他喟歎著，「當我被拘去六個月底第一天早晨醒來，看著淨淨的天空，竟忘了是被拘了……這真是夢啊！」

「他們打著、罵著，甚至用手扼著人底喉嚨，向人們要『反革命』的口供、證據、關係……向那些為求民族解放、真理而來的青年們無產階級底『立場』……這就是這些『革命者』底『革命工作』！他們如今竟一點沒有良心上的愧悔，他們殺了人，卻用無恥的笑臉『道歉』來報償，依我看，共產黨容忍這類人底存在，甚至是『負責』，它底前途是暗淡的！」我有些氣憤了說。[24]

是怨聲，更是訴之於人類良知的血淚控訴。

24《蕭軍全集》第十九卷第六七三——六七四頁

事後的態度

周揚事後對自己的錯誤有什麼認識嗎？有三份材料透露出周揚在運動過後對自己所作所為的態度。

侯唯動的記敘：

後來，我又和李又然、盧正義、王耐心、史松北等被放在橋兒溝東山溝溝的窯洞裡紡線時，我給周揚寫了一封長信。我在信中質問周揚，「你在延安，比我陶醉，怎麼還不如一個『特務』，竟連一句詩也寫不出來？你不是『雙重人格』，怎麼反不如『雙重人格』的『特務』，能不停地創作長詩歌頌共產黨的德呢？……」李又然勸我不要送給周揚，我不聽。周揚看了，找我談話，那已是「甄別」後了。他帶著歉意向我伸出團結的手，「嗳，通過鬥爭，達到團結嘛。」[25]

是侯唯動寫給了周揚一封長信，向他提出責問，要個說法，周揚才「帶著歉意」向他伸出「團結」的手的。「嗳，通過鬥爭，達到團結嘛。」他的檢

[25]《從讀者中走向胡風》，曉風主編《我與胡風》增補本，第三五七頁。

討，也未免太輕鬆、太瀟灑了。純屬「抒情的遊戲」。顯然，如果侯唯動不這麼將他一軍，他是連這一點「抒情的遊戲」也不會有的。他早把自己在大會上給侯唯動扣上罪狀的講話忘到天外了。

洪禹的反應：

洪禹，當時在魯藝文學系研究室從事研究工作。在「搶救運動」中被打成「特務」。後來安排了工作，但問題一直懸而未決。他多次為被「搶救」一事向組織要個說法，始終未得答覆。一九四六年初，洪禹直接給毛澤東寫信，要求解決問題。經毛澤東過問，問題才得解決。黎之知道這事後，曾經問他：「周揚是魯藝的負責人，不給你解決問題，還要毛主席過問，毛主席還表示『對你及許多同志負疚』，而周揚是什麼態度？」洪說：「『搶救運動』也不是周揚發動的。」他沒有再談下去。[26]顯然，周揚在把他打成「特務」之後，既沒有給個說法，也沒有向他表示歉意。洪禹的灑脫的言辭，似乎是替周揚開脫，其實包含著對周揚很大的不滿，這是瞞不過明眼的讀者的。

嚴文井的記述：

嚴文井在九〇年代接見訪問者時，曾談到周揚：「抗戰勝利後離開延安

[26] 見黎之《「我和毛主席」》，《三聯貴陽聯誼通訊》二〇〇六年第三期。

時，周揚問我對魯藝有什麼意見，我說就是『搶救』運動不太好，不應該那麼搞。周揚竟然很吃驚，說你還有意見！意思是你又沒被『搶救』，你有什麼意見？」[27]「你還有意見！」就這句話，表明了周揚對自己的錯誤究竟有多少認識。

但，也有個別受害人反映，周揚在「文革」後能夠面對當年的錯誤的。駱文就說：

他住在北京萬壽路的時候，我去看過他。他劈頭就說：「在延安你們委屈了，那全由我負責。」我告訴他：「我們有時頂，態度也不夠好。不過事情過去很久了。」

周揚在「文革」後的確對過去做的某些事作過反思，對某些被他整過的人表示過那麼一點歉意。但是，是真心誠意多還是抒情的遊戲多，就很值得推敲了。但願他在駱文面前的「道歉」屬於前者而不屬於後者。

[27] 王培元：《在朝內166號與前輩靈魂相遇》，人民文學出版社二〇〇七年版，第一六一頁。

結語

引錄蕭軍當年兩段日記為本文作結——

這次「搶救」大部分是靠嚇詐、株連等辦法，很少靠證據解決問題，而且應用的是報復主義，巫神主義，形式邏輯，打手主義，立功主義，而決不是唯物主義——從現實出發，以至為了一條鮮魚——真正特務——弄得滿鍋腥。[28]

共產黨此次「搶救」削盡了一個作為人底尊嚴，一個作為黨員的尊嚴——逼迫他們揑造、承認各種可恥的卑劣的事：奸細、墮落、無恥的行為等——這也是墮落了它自己的尊嚴，以至對它蔑視和冷淡，因為它對構成它的分子的蔑視，也就輕賤蔑視降低了它本身！這是可悲的。從此共產黨將跨進一個新底「危機」！這將要顯示在若干時期以後罷？有因就要有果啊！人們也一定要以這「卑劣」從各方面進行它底損害和報償罷？他們將要把這被給與「不自尊」帶向人民中去罷？人民也將從這「不自尊」的介體來對這個黨有所尊重和珍貴了！[29]

[28] 一九四四年六月五日日記，《蕭軍全集》第十九卷第四〇九頁。

[29] 一九四五年四月三日日記，《蕭軍全集》第十九卷第六二二—六二三頁。

周揚為什麼放過這個「日本特務」

周揚在一九四三年延安魯藝的「搶救運動」中，不僅在本單位大開殺戒，把二百六十多名師生員工打成「特務」與「特嫌分子」，而且把「搶救」的手伸到了外單位，要把在黨校三部的蕭軍打成「日本特務」。這件事，蕭軍當時並不知道，是他一九四五年到魯藝講課後李又然告訴他的。——李又然，留法作家，魯藝教員。（一九五七年被打成「丁陳反黨集團」成員。）

蕭軍在一九四五年六月二十四日的日記中記載了有關情況：

> 昨夜李又然來，向我懺悔，過去搶救中，因為周揚欺騙他，逼迫他要招供我是「日本特務」，而且由保安處派來一個叫馬林的說我是日本特務正坦白、被捕、已招供了，他一時為了要「勸我」，竟寫上了我底名字，後來他知道這裡是欺騙，他堅持否認，於是他們把他送保安處。

「我懂得你，我原諒你一時的軟弱、昏聵被欺騙而做了錯事，但你已用了更大的痛苦償還了它……在這裡我並不非表示寬大，請相信我，我始終認為你是我底朋友——只要你不自暴自棄，我希望一個強大的朋友——我理解你，並不因為此事會影響到我們底友誼。這世界上恐怕我是唯一理解你底人……

我握了他底手，他那恍惚的，病態的，慘澹的神情，使我感到心酸。對於周揚這類陰險、惡毒、卑賤的行為我當然感到了深沉的憤怒，但我還要很好地控制自己的感情，勉強和他合作。但遇到類似某種情形之下，他如仍如此，我就致他於死命！[30]

犯過錯和存心卑劣應區分開，周揚他想誣陷我為日本特務，戕害我的朋友誣良為盜，屈打成招……這應列於「存心卑劣」而不應該算為「過錯」的。[31]

周揚既然已經逼迫李又然招供出蕭軍是「日本特務」，為什麼不把這個

[30]《蕭軍全集》第十九卷第六七〇頁

[31]《蕭軍全集》第十九卷第六七一頁

「日本特務」抓起來呢？李又然認為，這是由於他後來翻供，「堅持否認」，所以只好不了了之。這顯然是他主觀主義的猜測，缺乏說服力。周揚要把一個人打成「日本特務」，僅憑李又然「堅持否認」是不起任何作用的。你「堅持否認」，可是你已經招認蕭軍是「日本特務」在先，你這是翻供，只能說明你態度不老實。「堅持否認」，是毫不影響對蕭軍的定性的。——周揚已經逼迫李又然招供出蕭軍是「日本特務」，應該立刻就把這個「日本特務」抓起來，為什麼事到臨頭突然猶豫起來，竟至改變主意，放過這個「日本特務」呢？周揚在「搶救運動」中已經失去理智，大膽懷疑，大膽肯定，稍有可懷疑的，統統當作「特務」或「特嫌分子」抓將起來，怎麼到了蕭軍的場合竟然對這個「日本特務」客氣起來了呢？——這是很值得推敲的。

個中原因，或者說，比較站得住腳的原因何在呢？

我認為，周揚放過蕭軍這個「日本特務」的原因是：他被他自己嚇住了。

請允許我在這個問題上作一點猜想。

一九二九年初，周揚到日本留學。他閱讀進步書刊，接觸左翼人士，受到日本警方的注意。在一九三〇年大檢舉的高潮中，他到一個左翼團體找友人。

友人已經被捕，警察把送上門來的周揚也抓去。在警察署的拘留所裡待了一個月，才由友人保釋出來。周揚的這段歷史，沒有人懷疑過。但是，周揚不能不想到，蕭軍是個天不怕地不怕的人，見過大場面，不好對付，專案組幾個人員不是他的對手。弄得不好，不但逼不出口供來，反要被他把檢舉他的人套出來。這一來，事情可就糟了。你要把蕭軍打成「日本特務」的行動進行到底，蕭軍肯定會提出同檢舉他的人對質。你不讓他對質，表明你有鬼；讓他對質就壞事，躲在幕後的周揚就被推到前臺。那時蕭軍可能在他的這段歷史上做文章，說周揚也是「日本特務」，這是他從日本特務口裡得知的。蕭軍甚至可能隨口編造兩個日本人的名字，以證明並非誣告。如果蕭軍真來這一手，他就百口莫辯了。周揚是坐過日本人的拘留所的，這個事實，就是懸在他頭上的一把達摩克利斯之劍。而劍把卻握在蕭軍的手裡。你要把蕭軍打成「日本特務」，你也不可避免地成為「日本特務」。結果將是，他與蕭軍殊途同歸，一起送進邊區保安處的「黑窯」，體嚐那裡的特殊滋味。

周揚還不能不想到，情況可能比這壞得多。「搶救運動」初期發生在魯藝文學系的一樁大事還宛然在眼前。

那時，文學系的一個從甘肅來的學員，「檢舉」出和他一起從甘肅來分配在西北公學的張克勤是「受派遣來搞特務的」。張克勤立刻被捕，打手們對他進行了三天三夜的輪番審訊，不給吃，不給喝，不讓休息，不讓睡。他的精神終於徹底崩潰，不得不違心承認自己是特務。既是派來的當然不止一個，要他交代同黨。他一口氣交代了十幾個同黨。在審訊過程中他已經琢磨出檢舉他的是誰，作為反戈一擊，他把那個文學系學員作為重中之重檢舉出來。這一下，張克勤被認為坦白的典型，騎上高頭大馬，佩帶大紅花，到各個單位做坦白示範報告。而檢舉他的那個文學系學員，只能待在「黑窯」裡享受那裡的特殊待遇。周揚如果想到這裡，肯定不由倒抽一口涼氣。如果蕭軍真像張克勤那樣，來個反戈一擊，倒很可能也騎上高頭大馬，佩帶大紅花，到各個單位做報告。而他，則落得個獨自個坐「黑窯」的下場。

正是這樣的想像，使他越想越害怕。你要把蕭軍打成「日本特務」，你得準備自己也成為「日本特務」。你要不當「日本特務」，就得放過蕭軍這個「日本特務」。是這點利害關係，使他終於放棄了把蕭軍打成「日本特務」的計畫。

這，就是我對周揚所以放過蕭軍這個「日本特務」所作的一點猜想。純屬「靈魂的探險」，聊供參考。

【附記】

蕭軍從李又然那裡得知有關情況，是一九四五年六月二十三日。七月二十一日晚間，周揚同蕭軍商量「文抗」選舉的事，蕭軍不客氣地提到「日本特務」的事——

他又不好意思似的解說他並沒有逼李又然說我是「特務」，只是對我懷疑到「肯定」的程度而已。我也直截地說出我對這次「偏向」底看法，這是懷疑「時代」，彼此應該懷疑——主觀主義與投機主義底結合——我底態度——既往不咎，但卻要記憶。

當我提到我也懷疑他們是否真正按了馬克思主義路線行走的問題，他臉色沉寂了，默默無言。我要坦白地和他們說，我有理由懷疑——雖然他們憎惡甚至恐懼這懷疑——他們，我不會因為他們目前對我態度如何，而放棄懷疑的。但我對於他們也決不採取「客觀主義」底懷疑法，只是在共同工作中，我要時時警惕自己，「一朝被蛇咬，千載怕麻繩」啊！

「我願意我們底關係，能夠就這樣進展下去罷。」他臨行時說。

「我也這樣希望著。」我說。

我們幾乎是兩個國家在交往——彼此講著交情，也彼此握著武器。[32]

周揚否認他曾逼迫李又然誣告蕭軍是「特務」，這是很不老實的態度。如果真沒有此事，則李又然為什麼要到蕭軍面前「懺悔」？難道他向蕭軍吐露的周揚如何逼他、欺騙他，他又如何受騙「檢舉」了蕭軍，這些情況全是虛構的嗎？蕭軍對周揚是很克制的。他沒有向周揚叫號，把李又然找來對質。如果真是那樣，周揚就下不了臺。蕭軍在這個最關鍵的問題上沒有跟周揚較真，顯出很高的姿態。在聽到李又然告訴他「日本特務」一事第二天的日記上，蕭軍寫著：「對於周揚這類陰險、惡毒、卑賤的行為我當然感到了深沉的憤怒，但我還要很好地控制自己的感情，勉強和他合作。」蕭軍是從今後還要「勉強和他合作」的大局出發，才沒有把周揚弄得下不了臺的。

32 《蕭軍全集》第十九卷第六八二——六八三頁

蕭軍「懷疑他們是否真正按了馬克思主義路線行走」，這是抬高了周揚的。周揚誣害蕭軍的行徑，已經不是「是否真正按了馬克思主義路線行走」的問題，而是一個人的起碼的為人道德的問題了。

周揚對東平的狂熱痛恨

一九五〇年三月十四日，周揚在文化部大禮堂召開的京津文藝幹部會上，以對阿壠兩篇文章的批判為楔子，對胡風進行了聲色俱厲的訓斥。末尾，出人意料地把鋒芒轉向早已犧牲在抗日戰場上的東平。胡風未參加這個會，與會的友人把情況如實地轉告給胡風。胡風後來向黨中央遞交的「三十萬言書」中提到了這個發言。全文如下：

一九五〇年三月十四日，周揚同志在文化部大禮堂向京津文藝幹部做大報告，講的是接受遺產等問題。其中特別提到陳亦門同志當時發表的兩篇文章，態度激憤得很，把這當作小資產階級作家「小集團」的抬頭，危害性等於社會民主黨。他指著臺上的四把椅子說，有你作資產階級一把坐的，如果亂說亂動，就要打！狠狠地打！還說，他們小集團中間也有為革命犧牲了的東平。為革命犧牲是值得尊重的，但當做作家看，那死了並沒有甚麼可惜。[33]

「為革命犧牲是值得尊重的，但當做作家來看，那死了也並沒有什麼可惜。」這是王婆罵街式的惡毒咒罵。這是說，東平這個作家如果不是死在革命戰爭中，那就一點點值得尊重之處也沒有了。在那麼重要的大會上，對一個為革命文學做出貢獻、犧牲在抗日戰場上的革命作家發出如此不堪的咒罵，實在是令人吃驚的。

從最善意的立場來理解周揚的話，也只能是：東平這個作家一生沒有寫出像樣的作品，所以文壇少了這麼個角色無足惋惜。

我們姑且從這個最善意的理解來考察周揚的話。

東平留給我們的光輝的作品，雄辯地駁斥了周揚的讕言。

不妨看看同時代作家對東平作品的評價。

郭沫若三〇年代初對《沉鬱的梅冷城》的評價：

[33] 胡風《關於解放以來的文藝實踐情況的報告》，《胡風全集》第六卷，第一一五頁。

他的技巧幾乎到了純熟的地步，幻想和真實的交織，雖然煞費了苦心但不怎樣顯露苦心的痕跡。他於化整為零，於暗示，於節省，種種手法之運用，大有日本的新感覺派的傾向，而於意識明確之點則超過之。我在他的作品中發現了一個新的世代的光芒，我覺得中國的作家中似乎還不曾有過這樣的人。[34]

胡風對他抗日戰爭初期作品的評價：

這些是英雄的詩篇，不但那藝術力所開闢的方向，在中國新文學史上加進了一筆財產，而且，那宏大的思想力所提出的深刻的問題，也值得為新中國的誕生而戰鬥的人們反覆地沉思罷。[35]

他來到武漢，首先給了我們《第七連》，真真實實的抗日民族戰爭英雄史詩的一首雄偉的序曲。[36]

[34]《東平的眉目》，《東流》月刊二卷二期。

[35]《東平著〈第七連〉小引》，《胡風全集》第二卷第五八七頁。

[36]《憶東平》，《胡楓全集》第三卷第三四四頁。下同

過建德，他完成了《一個連長的戰鬥遭遇》，中國抗日民族戰爭的一首最壯麗的史詩。在敘事與抒情的結合裡，民族戰爭底苦難和歡樂通過雄大的旋律震盪著讀者的心靈。從《暴風雨的一天》起的作者的追求，到這一篇，無論在思想內容上或藝術力量上都達到了更真實也更宏大的境地。

建國後出版的現代文學史專著，沒有一本不給予東平的創作高度評價的。這裡只舉兩個例子。

例一，丁易在蘇聯講學的講稿：

他在作品中異常生動地塑造了一些抗日英雄的形象，而貫穿在這些作品中的是他的那種雄渾的抗日民族英雄主義的氣魄，以及一股逼人的粗獷的新生氣息，使人感到彷彿有一種飽滿雄厚的力量要噴發出來。

東平的豐富的戰鬥生活經驗，以及充滿在作品中的雄渾的魄力，粗獷的、新生的氣息，能夠把敘事與抒情融合為一，噴薄而出，也的確有

震撼讀者的力量。在這一時期描寫前線戰鬥的作家中，東平還是最有成就的一個，[37]

例二，王瑤在北大的講稿：

民族戰爭一開始，現實主義的創作首先就要求反映在戰鬥中高昂起來的人民的個愛國主義和英雄主義的精神，邱東平的寫戰爭的作品正是承擔了這樣的任務的。他在抗戰前已經寫過一些作品。他的第一篇作品《通信員》發表在一九三二年的《文學月報》上。是寫土地革命戰爭中的農民意識的變化的。他親自參加過革命鬥爭，因此這作品當時就為人所稱讚；接著又寫過《火災》等寫農民反抗的小說。一九三五年他在東京時，郭沫若便以托爾斯泰或巴爾扎克期望著他的將來。但在一九四一年秋天，他隨新四軍的先遣支隊在敵後工作時，竟為敵人所射死了。我們有許多作者就是這樣以鮮血獻給了民族革命事業的；這永遠值得我們學習和懷念。抗戰初期，他和歐陽山、草明、邵子南集體創作了《給予

[37] 丁易《中國現代文學史略》，作家出版社一九五五年版，第三六一頁。

> 者》，由他執筆。接著他又寫出了《暴風雨的一天》、《一個連長的戰鬥遭遇》、《向敵人腹背進軍》、《茅山下》等作品，都是發揚革命愛國主義與革命英雄主義的作品。是抗戰期創作上的重要的收穫。[38]

這些公允的評價，足以宣告周揚讒言的破產。

總之，從「死了也並沒有什麼可惜」的咒罵裡，可以看出周揚對於整個東平是怎樣咬牙切齒地痛恨。周揚何以如此失態，很值得探究。

周揚和東平的關係本來是很不錯的。東平的成名作《通信員》，就是發表在周揚主編的《文學月報》第一卷第四期上的。周揚在《編輯後記》中特別提到這篇作品，給以相當高的評價：「《通信員》便是一篇非常動人的故事，這陰鬱、沉毅而富於熱情的農民主人公，使人聯想到蘇聯小說中所反映的捲入在『十月』的暴風雨裡俄國農民的性格。」

東平也給了周揚以代價極大的回報。

在發表《通信員》的那一期《文學月報》上，還發表了芸生的政治諷刺長詩《漢奸的供狀》，長詩不僅把胡秋原當作托派分子和社會民主黨分子雙料反

[38] 王瑤《中國新文學史稿》，上海文藝出版社一九八二年修訂版，第四六六——四六七頁。

革命來打，而且辱罵之辭連篇。時為文委書記的馮雪峰對於詩篇把胡秋原當雙料反革命來打並無意見，但對於詩中的辱罵恐嚇之辭很為不滿。要求周揚在下一期刊物作必要的解釋。周揚拒絕接受，雙方間發生了一場激烈爭吵，不歡而散。馮雪峰無奈，向魯迅求助，希望魯迅代表左聯說幾句話。魯迅經過考慮之後，說：「還是用我個人的名義給周揚寫封信吧。」十二月十日，致信周揚。魯迅在信裡指出：芸生的詩，「有辱罵，有恐嚇，還有無聊的攻擊，其實是大可不必作的。」「我是極希望此後的《文學月報》上不再有那樣的作品的。」[39]批評了詩的作者芸生，更是嚴厲地批評了把這樣的東西發表出來的周揚。周揚接到信，只好發表出來，並寫了一個貌似誠懇的檢討。東平看了魯迅的信，立刻寫了《對魯迅先生〈辱罵和恐嚇決不是戰鬥〉有言》，為周揚的挨批辯護，指斥魯迅的批評是「帶上了濃厚的右傾機會主義的色彩」，是「極危險的右傾的文化運動中的和平主義的說法」。寫出之後，還找到祝秀俠、田漢、阿英三個人共同簽名，以壯聲勢，發表在《現代文化》上。周揚對於東平這個舉措，心裡顯然是暗暗高興的。對於東平的好感無疑是大大增加了。

東平的這個行動，不僅表明他是贊同芸生詩中的辱罵恐嚇之辭，而且表明

[39]《辱罵和恐嚇決不是戰鬥》，《南腔北調集》，《魯迅全集》，人民文學出版社一九八一年版，第四卷第四五三頁。

東平的傾向社會民主黨的政治立場，在他擔任翁照垣的秘書的時候已經公開表現出來，在一九三三年的福建事變中更進一步公之於世。這年十一月，十九路軍的將領在福州宣佈成立「中華共和國人民革命政府」，揭出抗日反蔣旗幟。東平積極參加了這次事變。這就無比明確地公開宣告了他是社會民主黨的積極擁護者。

東平很早就和十九路軍的將領建立了密切的關係，這是周揚一直不知道的。直到東平參加了福建事變，才明白對方的擁護社會民主黨的立場。周揚對於社會民主黨的勢不兩立，在一九三二年攻擊胡秋原的《阿狗文藝論》等文章中有充分的表露。他把社會民主黨稱之為「社會法西斯蒂」，堅決認為，「不把胡秋原當作同路人，而只當作敵人來攻擊，到現在為止，是並沒有錯誤的」。[40]周揚對胡秋原的態度，是很典型地反映了周揚對整個社會民主黨的態度的。當時，黨內對社會民主黨的看法是不一致的。有的認為，在當時中國的條件下，是可以團結的力量，不能當作敵人看待。有的則認為，社會民主黨始終就是敵人，而且最危險的敵人。一二八淞滬抗戰，應該歌頌的是十九路軍的士兵和下級軍官，上級將領是不值得歌頌的。至於福建事變，那只是軍閥之間

40《自由人文學理論的檢討》，《文學月報》第一卷第五、六期合刊。

爭權奪利的鬥爭。周揚，顯然屬於後者。可以說，周揚對東平失去了好感，應該就在這個時候，即福建事變之時。

但是，周揚只是對東平失去好感而已，遠沒有達到痛恨的程度。原因很簡單，東平始終沒有得罪過他，周揚沒有理由痛恨他。

東平形象在周揚心目中的徹底坍塌，是在兩個口號論爭之時。魯迅領銜簽名針對周揚一方的《中國文藝工作者宣言》，東平就是簽名者之一。自從一九三六年六月胡風發表《人民大眾向文學要求什麼？》提出「民族革命戰爭的大眾文學」口號引起兩個口號論爭，周揚就對胡風恨之入骨。同時也對站在胡風一方的作家恨之入骨。東平的這一行動，無比明確地宣告了他是站在胡風這一邊的。心地狹窄、派性十足的周揚，不能不認為東平已經成為他的敵人，把東平恨得咬牙切齒了。抗戰初期。東平不斷在胡風主編的《七月》發表作品，和胡風關係非同一般，更增強了周揚對他的嫉恨。

瞭解了這些情況，探索周揚在一九五〇年的大會上發出「作為作家來看，那死了也並沒有什麼可惜」這樣不堪入耳的咒罵的原由，也就有跡可循了。

周揚是在狠批阿壠（陳亦門）和胡風的時候，連類而及地掃到東平的。當時的情況已見前面引出的周揚的發言。可以看出，周揚的整段發言都是處在狂熱的歇斯底里大發作的衝動中。打擊的重點對象，是胡風，這是異常清楚的。按說，周揚講到「就要打！狠狠地打！」已經可以收場，完全沒有必要扯到早已死去的東平。可能由於涉及「社會民主黨」，不由得觸電似地聯想到傾向「社會民主黨」的東平，又聯想到東平是「小集團」的重要成員，為了加大打擊怨敵胡風的力度，也為了更加痛快地發洩多年的積憤，把東平扯出來「狠狠地打」一通是勢所必至的了。打擊東平，是打擊怨敵胡風所必須。周揚是沖著胡風咒罵東平的。他的王婆罵街式的歇斯底里大發作，是沖著胡風去的；極惡毒的詛咒，也是沖著胡風去的。他對胡風的痛恨，通過對東平的痛恨更痛快地發洩出來了。處在狂熱中的周揚，需要在痛恨的大發洩中享受報復的快樂，需要在報復的快樂的享受中證明自己的威權。

事情應該就是這樣。

周揚的一篇官架十足的〈前記〉

一九五二年初，周揚的論文集《堅決貫徹毛澤東文藝路線》作為「文藝建設叢書」之一在人民文學出版社出版。文集收輯了一九四九—一九五二年間寫的七篇重要文章。正文前有一篇周揚自己寫的〈前記〉，頗奇特，全文如下：

這裡收集的是一九四九年中華全國文學藝術工作者代表大會以來所寫的一些文章，曾先後發表於《人民日報》、《文藝報》、《人民文學》，印成單行本，以供讀者參閱的方便。

作者

一九五一年十二月五日

讀一般作者為自己的書所寫的序或前記，都有一種熱情相迎、娓娓交談的親切感。讀周揚的這個〈前記〉，卻覺得遇到了一位官老爺：矜持、倨傲、高高在上、冷過冰霜。「以供讀者參閱的方便」云云，真意無非是以供「學習者學習」的方便。《文藝建設叢書》的「編輯例言」第六條有云：「本叢書除作品外，也酌量編輯一些能夠推動文藝運動的理論文字」。除了毛澤東的文字外，能夠當得起「能夠推動文藝運動的理論文字」的，毫無疑問當首推文藝總管周揚了。誰會把毛澤東的文章作為「參閱」的東西；同樣，在文藝界，誰會把周揚的文章作為「參閱」的東西呢。「參閱」，實際是「學習」。周揚這本書的書名就叫「堅決貫徹毛澤東文藝路線」，這是登高一呼萬眾回應的司令官的聲音，非意識形態的掌權人不敢出此。一般作者哪敢僭用這樣的書名。你能把這樣的書當作為「參閱」的書看待嗎？這是人們決不會弄錯的。

周揚知道得很清楚，他不必在〈前記〉中親自出來直接表示他的文章的分量，自會有人代為宣揚的。就在《堅決貫徹毛澤東文藝路線》出版的同時，人民文學出版社就在《文藝報》封底最主要的位置登出大幅廣告，對周揚的這本書作了這樣的介紹：

> 本書收輯了作者從全國文代會到北京文藝界整風為止兩年中的重要論文七篇。論文中對老解放區的文藝創作、文藝運動，作了扼要中肯的

> 總結；對如何堅決貫徹毛澤東文藝路線，作了精闢有力的闡發；對兩年來文藝上的許多重要問題，都指出了正確的方向，更特別嚴厲地批判了文藝界的小資產階級及資產階級的思想意識。這是一部思想性、戰鬥性很強的論文集。

又是「中肯的總結」，又是「精闢有力的闡發」，又是「指出了正確的方向」，已經把這些文章的重要性交代得無比明確了，哪一個文藝理論家能夠得到如此崇高的評價！

周揚的這個集子編於一九五一年末，出版於一九五二年初，那正是全國文藝界開始整風的時候，周揚此書，正是為指導文藝界整風運動而編，而出。總之，周揚的文章，都是只供學習，並要求加以貫徹執行的，不可對「參閱」二字作書生氣的理解。一九五七年大鳴大放期間，有人忘乎所以，不知天高地厚，居然寫文章「與周揚同志商榷」，結果成為右派罪狀之一。[41]

如果有人在編「名人序跋精品」之類的書，我推薦周揚的這篇〈前記〉。它是有資格作為一種難得的典型入選的。

41 請參看李輝編著《搖盪的秋千》第一六八頁

【附記】

周揚一九四六年七月把延安文藝座談會以後的七篇文章編成一個集子《表現新的群眾的時代》。〈前言〉是這樣寫的：

這些文章是我在文藝上經過整風與學習毛澤東思想的結果。我努力使自己做毛澤東文藝思想、文藝政策之宣傳者、解說者、應用者，雖然我所成就的是如此微小。[42]

說得何等虛懷若谷！人們很難想到，同一個作者幾年後居然寫出那麼官架十足的〈前記〉來。

原因很簡單。一九四六年編《表現新的群眾的時代》這個集子，主要是給國統區的讀者看的。這年七月，美國國務院邀請周揚訪問美國。周揚從張家口來到上海，預備出國。後因國民黨政府不發護照，未能成行，返回張家口。這個集子，就是在上海的時候應叢書的編者編的，〈前記〉也是在那個時候寫的。當時全國遠未解放，周揚在根據地是文藝領域舉足輕重的人物，可以端官

42《表現新的群衆的時代》，海洋書屋一九四八年版，第一頁。

周揚一九五二批胡會上的總結發言

一九五二年初，深識時務的舒蕪高舉義旗，從所謂「小集團」中殺了出來，拋出《從頭學習〈在延安文藝座談會上的講話〉》一文，把胡風等人送上權力祭壇。「主流派」抓住良機，決心對胡風問題來個徹底解決。這年的九月到十二月，在北京召開了三次批判會，對胡風進行刺刀見紅的大圍攻。舒蕪、林默涵、何其芳等批胡急先鋒，在會上使出渾身解數，把一盆盆污水潑向胡風。十二月二十六日的會上，主持這次批判會的周揚作了總結發言。發言稿沒有公開發表，人們只能從三年後作為反面材料公佈的胡風「三十萬言書」中，略窺若干消息：「最後，周揚同志嚴厲地斥責了我，說我在文藝理論上是反黨的『路線』；說政治態度上無問題，但問題不決定於政治態度，而是決定於文藝理論；說我要在文藝理論上『脫褲子』，承認是反黨的『路線』……斥責了以後，歸結到：結論要由我自己做。」[43]僅憑這些，自然是遠遠不能滿足關注那次批判會的人們的需要。事過半個多世紀的二〇〇七年，我們在《新文學史

[43]《胡風全集》第六卷，第一三二一——一三三二頁。

料》上見到了當年與會批判胡風的舒蕪記錄的周揚總結發言，使我們有可能瞭解周揚發言的全貌。這裡，擇其精彩者略加掃描。

胡風的問題，主要的是座談會以後的問題。那時，在國統區，郭沫若和茅盾，對於這個工農兵方向是擁護的；儘管他們擁護得很膚淺，但乃是出於真心的。而胡風卻反對這個方向，直到黨已經提出意見以後，甚至和他一向比較接近的黨員作家（雪峰、荃麟）都提出意見以後，甚至直到今天，他還是堅持反對的。他主觀上是否反對，我看這是很難估計的。根據他的言論和行動，我們只能得出這樣的認識。而這也就是馬列主義估計問題的方法。

當然，並不是說胡風在政治態度上就是反對毛澤東同志的。但政治態度上擁護毛澤東同志，和文藝思想上反對他的思想，這是兩件不同的事。[44]

[44] 引自舒蕪《參加胡風文藝思想討論會日記抄》，《新文學史料》二〇〇七年第二期。下同

既然承認胡風「政治態度上擁護毛澤東同志」的，那就沒有理由在胡風的文藝思想是否反對《講話》的工農兵方向上糾纏不休。《講話》是黨的文藝政策，對黨員有絕對的約束力；而胡風，並非黨員，黨的文藝政策對他沒有絕對的約束力。作為中華人民共和國的公民，他在文藝思想問題上理應有他獨立思考和獨立發表見解的自由。胡風，解放前是發表過一些與《講話》有出入的見解，而且解放後始終堅持的。這在一個真正民主的國家，是十分正常的事。在人民當家作主的新中國，居然出現不許一個文藝理論工作者擁有從真正馬克思主義立場發表和堅持自己見解的自由，這是二十世紀的一件大怪事。

其實，被周揚和他的後臺指為反對《講話》工農兵方向的情況，不外這麼三種：

不是胡風故意標新立異，而是從國統區的實際出發，只能如此，而且必須如此。

毛澤東文藝方向的核心要求：文藝首先為工農兵服務。這一條，在國統區就無法實行。原因很簡單：國民黨集團即使在抗日戰爭時期同樣是極端地害怕工農兵群眾，他們害怕工農兵群眾的覺醒，因而也害怕革命作家深入工農兵，害怕作家為工農兵服務，革命作家也就根本沒有深入工農兵的自由。這一基本情況決定了，對國統區的革命作家，應該從國統區的實際出發，提出堅持此時此地戰鬥的要求。「主流派」不是這樣看取問題。他們把根據地的大原則當作套子，來套胡風的理論和實踐。胡風從國統區實際情況出發向進步作家提出的堅持此時此地戰鬥的正確要求，一律被判為同毛澤東文藝方向唱對臺戲。這是十足的教條主義。有意思的是，他們指斥胡風的時候說得激昂慷慨，頭頭是道，可是何其芳在國統區發表文章的時候，凡需要提到「工農兵」的場合，一律改為「人民大眾」。自己連「工農兵」三個字都不敢公開使用，卻指斥胡風沒有向國統區的作家提倡深入「工農兵」。天下還有比這更不講理的嗎！

不是胡風故意唱反調，他只是理所當然地探討了《講話》沒有探討的問題，解決了《講話》沒有解決的問題。

這，主要表現在胡風對創作過程內在規律的探討上。七月派詩人綠原說得好：《講話》只提出了創作過程的一個先決條件，卻沒有論及「創作過程的內在規律」；而「胡風作為文藝批評家，恰巧對創作過程有其獨到的探討和執著的追求」。[45]必須承認，胡風對於創作過程內在規律的闡發，是極其深刻的。

[45]《胡風和我》，曉風主編《我與胡風》增補本，第六二九頁。

「主流派」卻認為，胡風這些觀點不見於《講話》，就是異端邪說，就是反毛澤東文藝方向。這是硬把《講話》未涉及的領域一律劃為任何人不得妄入的禁區。典型的學霸作風！十足的蒙昧主義！

胡風的某些觀點同《講話》確實有出入，確有分歧；但是它們為馬克思主義文藝思想的進一步充實、完善與發展，做出了極為可貴的理論貢獻。

如，《講話》認為，文藝批評的標準應是政治標準第一、藝術標準第二。胡風的見解則是：文藝批評應該是社會學的評價和美學評價之統一的探尋。作家的思想要求最終地要歸結到內容的力學的表現，也就是整個藝術構成的美學特質上面。對於在迫切的情勢下創作出來的「有救急的功勞」的作品是應予肯定的，但不能由此否定本質上的戰鬥要求。

如，《講話》提出文藝工作者在深入群眾的生活實踐中必須「觀察、體驗、研究、分析」一切現實對象。胡風則強調「體驗」的重要。認為創作上的認識過程（觀察、研究、分析），始終不能脫離血肉的感覺過程，亦即體驗的過程，也就是對於對象的喜怒哀樂的體驗過程。

如，《講話》認為作家世界觀的改造應該落實在生活實踐中。胡風認為，作家世界觀的改造應該貫徹在生活實踐和創作實踐的統一過程中。

如，《講話》要求文藝工作者到勞動人民中去進行脫胎換骨的徹底改造。胡風認為，革命知識份子是人民中的先進成員，他們深入勞動人民的過程，得有和對象的生活內容搏鬥、批判力量，這樣，和人民的結合過程才有可能轉變為作家自己的分解和再建過程。

等等。

這些見解，是同《講話》的見解不一致甚至很不一致的。然而，只要我們是真正的馬克思主義者，就應該承認，胡風的這些見解是極為可貴的。如果馬克思主義文藝理論在中國還要隨著時代的步伐而完善而發展，那麼，胡風的這些見解對於馬克思主義文藝理論在中國的進一步完善與發展，其重大意義是絕不容低估的。對於這，站在今天的歷史制高點上，看得就格外清楚了。周揚們因胡風的這些見解與《講話》不一致，就視為大逆不道，這就首先堵塞了馬克思主義文藝思想在中國發展的道路。他們才真正是馬克思主義的歷史罪人。

「甚至直到今天，他還是堅持反對的。」是的，「甚至直到今天，他還是堅持反對的。」為了新中國文藝事業的健康發展，為了馬克思主義的理論的豐富和發展，胡風必須堅持！

所謂「那時，在國統區，郭沫若和茅盾，對於這個工農兵方向是擁護的；儘管他們擁護得膚淺，但乃是出於真心的。」——這是要求胡風向郭沫若、茅盾學習。對此，胡風在一九八〇年末監獄中寫的最後一份思想彙報中，作了尖銳的答覆：

> 到北京後，周揚責備我，郭沫若、茅盾對《講話》表過態，而我沒有。（中略）直到一九五二年以前，我都不知道有「表態」這一種革命的風尚。讀到《論持久戰》後（一九三八年秋）我當即寫了《論持久戰中的文化運動》。那也完全沒有「表態」的用意，而是用那裡面的原則解決我感覺到的具體實際問題。所以沒有一句「表態」式的恭維話。我一直錯誤地把沒有創意的恭維話當作形式主義看，以為只有在統戰關係的政治活動上才有必要。[46]

[46] 《從實際出發》，《胡風全集》第六卷第六八六頁。

胡風如果真正向郭沫若、茅盾學習，那就不成其為人們所景仰的胡風了。

今天，胡風的影響並不大。不是不批評胡風，我們的文藝運動就不能前進；但是，批評了胡風，可以幫助我們前進。這是因為，胡風理論的直接影響今天雖是小的，但產生這種理論的基礎今天還是相當存在的。

前一段把問題看得空前嚴重，這裡卻又把問題說得如此不嚴重：「胡風的影響並不大」，「不是不批評胡風，我們的文藝運動就不能前進」。既然「胡風的影響並不大」，那麼，為什麼對胡風的文藝思想要如此大動干戈地進行討伐呢？為什麼在建國前夕召開的文代會上就把胡風的問題作為解放前十年來國統區文藝最嚴重的問題加以討伐並宣佈必須徹底解決呢？為什麼舒蕪在《長江日報》發表了對胡風反戈一擊的文章《人民日報》立刻轉載，並加按語指稱存在一個以胡風為首以反對《講話》為宗旨的「小集團」呢？為什麼不惜興師動眾召開所謂「討論會」對胡風進行長達四個月之久的面對面的批判呢？為什麼周揚要在總結發言中下達胡風必須徹底投降的最後通牒呢？「不是不批評胡風，我們的文藝運動就不能前進」，倒是欲蓋彌彰地透露了，不把胡風的文藝思想連同胡風本人徹底批倒批臭，「我們的文藝運動就不能前進」了。胡風的文藝思想是建立在堅實的馬克思主義的思想基礎上的，一切對馬克思主義原則立場有所背離的文藝運動都不能不在他面前露出破綻，這就是周揚等人在胡風文藝思想面前驚慌失措必欲剷滅之而後快的根本原因。

其實我在上海和他談的完全不是這樣，我只是提醒他注意一下個事實，就是他在最長最完整的兩篇論文《論民族形式問題》、《論現實主義的路》裡面，所批評的恰恰一概都是黨員作家。這當然不是說黨員作家就不能批評，也不是說這就是根本關鍵之所在。我的意思只是，像這樣一貫的系統的而且絕對否定性的批評，都是對著黨員作家，可以從這現象上考慮一下自己在文藝戰線上和黨的關係，可以考慮一下自己為什麼這樣不願考慮黨員作家的意見。

指斥《論民族形式問題》所批評的都是黨員作家，是不符合事實的。郭沫若就不是黨員作家。作為胡風與之辯論的主要人物向林冰雖然是黨員作家，但胡風當時根本不知道他是黨員。胡風的這篇文章，是就民族形式問題的認識是非進行評論的，而參加討論的作家大多是黨員作家，則涉及的對象不免大多是黨員，這沒有什麼值得大驚小怪的。難道應該把「在真理面前人人平等」改為「在黨員作家面前人人不平等」嗎？

至於對《論現實主義的路》的指斥，更是蠻不講理。一九四八年，正是人民革命力量和國民黨反動派進行生死大搏鬥的時候，撤退到香港的「主流派」不把主要力量對準反動文藝，卻以《大眾文藝叢刊》為主要陣地，向胡風和路翎發動了氣勢洶洶的圍剿。「主流派」加給胡風和路翎的「罪行」，都是極其荒謬的。面對這樣顛倒是非的攻擊，胡風寫了《論現實主義的路》給以反擊，文章裡提到的問題，都是事關現實主義的重大問題，是為捍衛現實主義所需要，為捍衛馬克思主義真理所需要，完全是正當的。——「考慮一下」「和黨的關係」：難道合理地反對幾個黨員作家的錯誤意見，就是反黨？

今天也並不是說文藝上的小集團一概不應該存在。事實上也是有的，例如巴金他們就是。但不能與黨對立，另搞一套，而且還要自命為無產階級的東西，還要用來指導運動，那是辦不通的。

《人民日報》這年六月轉載舒蕪的《從頭學習〈在延安文藝座談會上的講話〉》時，由胡喬木加的「編者按」中，只說以胡風為首的這個「文藝上的小集團」，宣揚片面誇大「主觀精神」作用，「實質上屬於資產階級、小資產階級的個人主義的文藝思想」。到了《文藝報》這年第二〇號發表舒蕪的《致路翎的公開信》時，文前的「編者按」調子提到「基本路線上是和黨所領導的無產階級的文藝路線——毛澤東文藝方向背道而馳的」小集團。到了年底周揚的總結發言中，卻一下子提高為「與黨對立」的小集團了。「與黨對立」的小集團，這同「反黨集團」只有半步之遙了。周揚在前面說得很好聽：「並不是說胡風在政治態度上就是反對毛澤東同志的。但政治態度上擁護毛澤東同志，和文藝思想上反對他的思想，這是兩件不同的事。」現在卻把問題提到「與黨對立」的高度，把文藝思想和政治態度合二而一，不是自打耳光，暴露了前面的話純屬言不由衷的謊言嗎？

至於胡風的文藝思想是否「無產階級的東西」，決不是周揚說了算的。檢驗是否「無產階級的東西」唯一途徑，是實踐，而不是權力意旨。

其實，胡風和他的文友，不僅不是什麼「與黨對立」的「小集團」，而且根本不是「小集團」。盧卡契在一九四五年有一段精闢的論述可供參考：

> 當黨的紀律問題由宗派主義的官僚主義者提出來的時候，當黨的紀律在這樣的情況下失去黨的具有決定性的民族使命和世界歷史使命的聯繫的時候，當變成死板的紀律的黨的紀律恰恰在表面的細小問題上占居首位的時候，問題就不同了，這就不是黨與黨的詩人（葉按：指有革命傾向的詩人、作家）之間的真正聯繫，而是對它的宗派主義的歪曲。[47]

這是真正馬克思主義的見解。周揚與被指斥為「與黨對立」的胡風們之間的聯繫，同樣已經不是黨與「黨的詩人」之間的真正聯繫，而是「對它的宗派

[47]《論黨的詩歌》，《盧卡契文學論文集》，中國社會科學出版社一九八九版，第二七一頁。

主義的歪曲」。真正的宗派主義者不是胡風和他的友人，而是站在教條主義的立場上對堅持馬克思主義的胡風等人進行殘酷打擊的周揚們。

更稀奇的是，總結發言是針對胡風的，卻莫名其妙地扯到「巴金他們」，給扣上「小集團」的帽子。還寬容大度地說「並不是說文藝上的小集團一概不應該存在」。不知道周揚還想在「巴金他們」身上搞什麼名堂。

> 就他的文藝思想來說，特別是發展到座談會以後，那反對毛澤東文藝思想的一面已成為主要的一面，……
>
> 胡風這樣的文藝思想，脫離人民，脫離階級鬥爭，而還要來指導文藝運動；直接對抗無產階級的領導，而還要自命為無產階級的現實主義。這是最為危險的。
>
> 我的希望是，檢討自己的時候，一定要打退一切關於過去成績的回憶，推翻架子，脫下褲子，離開自己，採取一種客觀的態度。批評和自我批評，是矛盾統一的。有了徹底的自我批評，可以把批評統一在裡面。如果不能自我批評，或做得很不徹底，那就一定要有批評來幫助他。

總之，從座談會以來，問題積累得很久了。黨，通過它的負責同志，通過黨員作家，也早就提出很多意見了。到今天，是應該做出結論的時候了。這個結論只有兩種，或者是胡風對而黨錯了，或者是黨對而胡風錯了。

對於這些衙門腔調，只須引一段魯迅的語錄就可以答覆了：

從指揮刀下罵出去，從裁判席上罵下去，從官營的報上罵開去，真是偉哉一時之雄……[48]

☆　☆　☆

周揚把這次對胡風進行大討伐的會，名之曰「討論會」，然而會上的發言人，沒有一個是對問題採取討論態度的，一個個都是按照預定的調子把胡風定為反對《講話》的罪魁，然後加以批判的。周揚的總結發言更表明了這個。明

[48]《革命文學》，《魯迅全集》第三卷第五四三頁。

明是一場對胡風的大圍剿大迫害，明明一場對公民基本權利的扼殺，明明是文化專制主義的大發作，偏偏還要「猶抱琵琶半遮臉」，美其名曰「討論會」，是遮羞呢，是遮醜呢，是遮惡呢，是遮凶呢，還是遮什麼呢，此中玄機，只有周揚們才能知道了。

周揚與江青過招

一九五四年九月—十二月，文壇接連發生兩大事件，先是對俞平伯《紅樓夢》研究中資產階級唯心主義的批判，接著發展成對《文藝報》實為對馮雪峰的批判。這是只要讀過當代文學史的人都知道的。但是人們不見得都知道，在這兩場大事件中還有一個小插曲：發生在周揚和江青之間。

一九五四年九月，江青把發表在《文史哲》上李希凡、藍翎的《關於〈紅樓夢簡論〉及其他》的文章推薦給毛澤東。毛澤東閱後十分讚賞，要江青把文章交給《人民日報》轉載。江青找到社長鄧拓。鄧拓接受了任務，並應李、藍二人的要求，讓他們以最快的速度對文章作一些修改。鄧拓拿到修改稿後讓印刷車間把小樣趕排出來。不料主管黨報的胡喬木出來干預，認為黨報不是自由辯論的場所；《紅樓夢》研究屬學術問題，根據蘇聯《真理報》的做法，對於這類問題歷來只作結論，不允許不同意見展開討論。鄧拓把問題反映給江青。江青再次到報社，邀集了胡喬木、鄧拓、林默涵、林淡秋等人商議。最後決定，李、藍的《關於〈紅樓夢簡論〉及其他》由《文藝報》轉載。九月底出版的第十八期《文藝報》轉載了此文。十月十日，《光明日報》副刊《文學遺產》又發表了李、藍的《評〈紅樓夢〉研究》。

毛澤東對此事極為重視，十月十六日寫了一封關於〈紅樓夢〉研究問題的信，給高層領導和文藝界少數領導傳閱。毛澤東的信全文如下：

各同志：

駁俞平伯的兩篇文章付上，請一閱。這是三十多年以來向所謂《紅樓夢》研究權威作家的錯誤觀點的第一次認真開火。作者是兩個青年團員。他們起初寫信給《文藝報》請問可不可以批評俞平伯，被置之不理。他們不得已寫信給他們的母校——山東大學的老師，獲得了支持，並在該校刊物《文史哲》上登出了他們的文章駁《〈紅樓夢〉簡論》。問題又回到北京，有人要求將此文在《人民日報》上轉載，以期引起爭論，展開批評，又被某些人以種種理由（主要是「小人物的文章」，「黨報不是自由辯論的場所」）給以反對，不能實現；結果成立妥協，被允許在《文藝報》轉載此文。嗣後，《光明日報》的《文學遺產》欄又發表了這兩個青年的駁俞平伯《〈紅樓夢〉研究》一書的文章。看樣子，這個反對在古典文學領域毒害青年三十餘年的胡適派資產階級唯心論的鬥爭，也許可以開展起來了。事情是兩個「小人物」做起來的，而「大人物」往往不注意，並往往加以攔阻，他們同資產階級作家在唯心論方面講統一戰線，甘心作資產階級的俘虜，這同影片《清宮秘史》和《武訓傳》放映時候的情形幾乎是相同的。被人稱為愛國主義電影而實際是賣國主義影片的《清宮秘史》，在全國放映之後，至今沒有受到批判。《武訓傳》雖然批判了，卻至今沒有引出教訓，又出現了容忍俞平伯唯心論和阻攔「小人物」的很有生氣的批判文章的奇怪事情，這是值得我們注意的。

信末補記：

俞平伯這一類資產階級知識份子，當然是應當對他們採取團結態度的，但應當批判他們的毒害青年的錯誤思想，不應當對他們投降。[49]

[49]《建國以來毛澤東文稿》第四冊，中央文獻出版社一九九〇年版，第五七四-五七五頁

這裡，「有人要求將此文在《人民日報》上轉載」的「有人」，實為毛澤東本人。「被某些人以種種理由（主要是『小人物的文章』，『黨報不是自由辯論的場所』）給以反對」的，指胡喬木。「他們同資產階級作家在唯心論方面講統一戰線，甘心作資產階級的俘虜」的「大人物」，還是指胡喬木。「出現了容忍俞平伯唯心論和阻攔『小人物』的很有生氣的批判文章的奇怪事情」，還是指胡喬木，但也指在研究轉載《文藝報》的過程中發表對李、藍文章不重視的意見的林默涵等人。這件事從開始到改由《文藝報》轉載的整個過程，江青都有意識地向周揚封鎖。時任《人民日報》文藝組組長的袁水拍在粉碎「四人幫」後向黎之透露：「開始江青有意把周揚捂在鼓裡，置周於批《武訓傳》時的被動局面。」「江青到《人民日報》建議轉載李、藍文章時沒有通知周揚。」[50]後來研究改由《文藝報》轉載時，也沒有通知周揚。鄧拓夫人丁一嵐也向記者透露：「五十年代初期，批判《武訓傳》、一九五四年『討論《紅樓夢》研究問題』。這些重要的活動把領導文化工作的周揚撇在一邊，江青出面找到鄧拓，要報紙發稿，最後是毛主席親自審定。」[51]可以說，對於已經發生的如此重大事件，周揚是嚴嚴實實被蒙在鼓裡的。

[50] 黎之：《「我和毛主席」》，《三聯貴陽聯誼通訊》二〇〇六年第三期。

[51] 李輝《與丁一嵐談周揚》，《搖盪的秋千》，海天出版社一九九八年版，第一一一頁。

毛澤東的這封信沒有批給江青閱讀，可是她在發現兩個小人物的過程中是起了很大作用的，而且此後的有關工作還得通過她來做，毛澤東自然不會向她保密。江青可能還是第一個看到毛澤東的這封信的。她知道這封信傳閱的對象有周揚，周揚一見此信必然採取積極行動，她必須走在他的前頭有所動作。正好毛澤東要鄧拓組織兩篇文章，一篇由報社找合適的人寫，一篇由李希凡、藍翎寫，集中聯繫胡適的反動思想，把問題進一步深化。這兩個任務少不了由她出面向鄧拓傳達，她有了發揮作用的機會。

按照毛澤東的指示精神，十月二十三日，《人民日報》發表了鍾洛（即袁鷹，《人民日報》文藝組副組長）的文章《應該重視對〈紅樓夢〉研究中的錯誤觀點的批判》。文章著重指出，五四以後以胡適之為代表的資產階級「新紅學家」佔據支配地位達三十年之久，「直到今天，我們仍然可以從俞平伯先生關於紅樓夢的論著中看到胡適之派的資產階級反動的實驗主義對待古典文學作品的觀點和方法的繼續」。文章對俞平伯三十年來《紅樓夢》研究中的錯誤論點歸納為四個方面，一一加以批判。並揭出把過去的《紅樓夢辨》換了《紅樓夢研究》出版時，僅僅刪去「胡適之先生」等字樣，把胡適的觀點全部作為俞平伯自己的觀點保留下來」。文章肯定了李希凡、藍翎的批判文章的重要意義：「這兩篇文章（葉按：一篇是《文藝報》轉載的《關於〈紅樓夢簡論〉及其他》，還有一篇是隨後發表在《光明日報》副刊《文學遺產》上的《評〈紅樓夢研究〉》）是三十多年來向古典文學研究工作中胡適之派的資產階級立場、觀點、方法進行反擊的第一槍，可貴的第一槍。」文章並對無視這個情況的文藝界提出批評：「這一槍之所以可貴，就是因為我們的文藝界，對胡適之派的『新紅學家』們的資產階級立場、觀點、方法在全國解放後仍然在古典文學研究工作中占統治地位這一危險事實，視若無睹。這兩篇文章發表前後在文藝界似乎並沒有引起應有的重視。」文章最後提出：「現在，問題已經提到人們面前了，對這問題應該展開討論。這個問題，按其思想實質來說是工人階級對資產階級在思想戰線上的又一次嚴重的鬥爭。」「每個文藝工作者，不管他是不是專門從事古典文學研究工作的，都必須重視這個思想鬥爭。」「應該反對一切資產階級的立場、觀點和方法，不管它以什麼名目出現。」

按照毛澤東的指示精神，十月二十四日《人民日報》又發表了李、藍的《走什麼樣的路？——再評俞平伯先生關於〈紅樓夢〉研究的錯誤觀點》。這篇文章著重批判了俞平伯的《紅樓夢辨》。指出這本書的作者是「在學術研究上」成了胡適反動路線的「忠實的追隨者」。「在解放以後，在新的歷史條件下，俞平伯先生非但沒有對過去的研究工作和他的影響作深刻的檢討，相反地卻把舊作改頭換面的重新發表出來，以隱蔽的方式，向學術界和廣大的青年讀者公開販賣胡適之的實驗主義，使它在中國學術界借屍還魂」。

這兩篇火藥味十足的文章都是毛澤東讓江青直接佈置給報社的任務。江青自作主張，要報社發表之前對所有的人嚴守秘密，實際只是對付周揚一個人。胡喬木干預李、藍文章登《人民日報》，毛澤東在信中已經不指名地予以批評，指出這是「容忍俞平伯唯心論和阻攔『小人物』的很有生氣的批判文章」，指出李、藍文章不是什麼純學術文章，而是「反對在古典文學領域毒害青年三十餘年的胡適派資產階級唯心論的鬥爭」。經過這一番劈頭蓋腦的嚴厲批評，胡喬木自然決不會出來干預這兩篇文章的發表。即使不知天高地厚地再出來干預，也只能遭到毀滅性的打擊。這是江青十分清楚的。她完全不用向胡喬木保密，需要保密的只有周揚一人。她不能直說，只好要求對所有的人都嚴守秘密。鄧拓還以為這也是毛澤東的指示，自然奉命惟謹。

江青以為，這一下周揚要陷於被動了。沒有想到周揚的反應也不慢。周揚見到毛澤東十月十六日的信後，才發現他的處境不妙。像轉載李、藍文章這樣重要的事，理應及時向主管文藝的中宣部副部長周揚打招呼的，可是直到現在才從毛澤東的信裡得知情況。周揚敏銳地猜到，這是江青存心耍弄他，要他好看。周揚知道江青對他有底火，主要是認為對她不夠尊重。周揚曾經向中央反映，「江青喜歡發表意見，分不清哪些是毛主席的，哪些是她自己的」。[52]這是她最難以容忍的。一九五一年毛澤東對周揚在《武訓傳》的問題上反應遲鈍，很為不滿。這次她要他在《紅樓夢》問題上也來個反應遲鈍，讓他在毛澤東面前進一步丟醜，失去毛澤東對他的信任。但是，周揚不愧是權力場上角逐的老手，他于十月二十三日看到鍾洛的文章後立即採取行動。他讓鄭振鐸出面以中國作協古典部的名義，召開「《紅樓夢》研究座談會」。十月二十四日，就是《人民日報》發表鍾洛文章的第二天，也就是發表李、藍的《走什麼樣的路？——再評俞平伯先生關於〈紅樓夢〉研究的錯誤觀點》的當天，召開了一個有專家、教授四十六位和李希凡、藍翎、王佩璋三位小青年參加的座談會。名曰座談，實際上主要是批判俞平伯的錯誤，並聯繫到胡適。大多數發言人都

[52] 周健明《我所見到的周揚》，《憶周揚》，內蒙古人民出版社一九九八年版，第三八七頁。

是跟著鍾洛文章的調子走，雖不能說劍拔弩張，但火藥味已不輕。討論會最後，周揚以中宣部副部長的身分作總結發言。這裡摘抄幾段最重要的看看：

李希凡、藍翎兩同志的批評俞平伯先生的文章，給古典文學研究工作以至整個文學工作提出了一個新的重要的問題，就是：用馬克思列寧主義觀點研究古典文學，首先批判古典文學研究工作中的資產階級唯心論觀點。他們不是抽象的提出問題，而是抓著了一個具體對象，執行了尖銳的批評的任務。這個批評對象，就是俞平伯的《紅樓夢研究》和《紅樓夢簡論》。俞先生是一般人所認為的研究《紅樓夢》的權威學者，但這兩位青年作者不迷信所謂「權威」，他們相信的是真理，是馬克思主義的科學學說。他們就運用這個學說做武器，對中國古典文學研究領域中反動的胡適派資產階級唯心論觀點，作了第一次認真的批判。本來馬克思主義就是批判的學說，它批判一切落後的反動的制度和思想，它的戰鬥性主要就表現在這裡。我們平時口頭上常常講馬克思列寧主義，但卻對資產階級錯誤思想不批判，不鬥爭，實際上就是對資產階級思想投降，這哪里還有什麼馬克思主義氣味呢？現在兩位青年作者作了我們文藝界許多人所沒有作的工作，他們在古典文學領域內捍衛了馬克思主義的真理。對於文藝界的這種新生力量，難道還不值得我們最熱情的歡迎嗎？同時反過來，對於我們文藝界在思想工作上的不可容忍的落後狀態，難道還不值得我們深切反省嗎？

我們是否對「五四」以來的古典文學研究成果採取一概抹殺的態度呢？當然不是的。「五四」新文化運動把《紅樓夢》、《水滸》等作品提到重要地位，是正確的。但當時運動的領導者們對於這些作品的評價卻包含嚴重的錯誤，反映了資產階級唯心論的觀點。現在我們要批判的主要就是以胡適為代表的那種反動的資產階級唯心論的思想影響。

批判俞平伯先生，當然只是批判他的錯誤觀點而不是要打倒他這個人。他在政治上是擁護人民民主專政，是贊成中國走社會主義道路的；在這點上，我們是一致的。但是他的錯誤觀點，我們卻不但不應當苟同，而且一定要批判，徹底的批判，不批判是不對的。[53]

[53]《人民日報》一九五四年十月二十六日

周揚的發言記錄兩千餘言，這裡只摘錄一小部分。從這一小部分就可以極明顯地看出，他是以堂堂正正的中宣部副部長的的身分做這個總結發言的。

這個總結發言有這樣幾個最大特點：

他把毛澤東《信》裡的話作為自己的看法提出，如，「作了第一次認真的批判」；如，「基本上是承襲了胡適的，而且三十年來已形成了他一貫的思想」。

他把毛澤東批評胡喬木等人的話拿過來批評別人。如，「我們平時口頭上常常講馬克思列寧主義，但卻對資產階級錯誤思想不批判，不鬥爭，實際上就是對資產階級思想投降，這哪裡還有什麼馬克思主義氣味呢？」如，「現在兩位青年作者作了我們文藝界許多人所沒有作的工作，他們在古典文學領域內捍衛了馬克思主義的真理。對於文藝界的這種新生力量，難道還不值得我們熱情的歡迎嗎？同時反過來，對於我們文藝界在思想工作上的不可容忍的落後狀態，難道還不值得我們深切反省嗎？」

他把毛澤東提出的對待俞平伯的政策用自己的話說出：如，「批判俞平伯先生，當然只是批判他的錯誤觀點而不是要打倒他這個人」；如，「但是他的錯誤觀點，我們卻不但不應當苟同，而且一定要批判，徹底的批判，不批判是不對的。」

這個總結，給與會者的印象是，周揚是奉毛澤東的命令召開這個座談會的，是奉命向與會者傳達毛澤東對批判俞平伯與胡適的指示精神的。誰也覺察不出周揚是在怎樣被動的處境裡匆匆忙忙召開這個座談會的。

有關開會的情況，尤其是他的總結發言，需要讓毛澤東儘快知道，才是關鍵。他爭取到中宣部副部長陸定一的支持，由陸定一出面向毛澤東打報告，就作家協會古典文學部召開座談會的情況向毛澤東作了這樣的書面彙報：

作家協會古典文學部於本月二十四日召開了關於《紅樓夢》研究問題的討論會，到會的有古典文學研究者、作家、文藝批評工作者和各報刊編輯等六十多人，俞平伯在上午也到了會。會上，一致認為李希凡、藍翎二人關於《〈紅樓夢〉研究》和《〈紅樓夢〉簡論》的批評具有重要意義，並且認為消除胡適派資產階級唯心主義觀點在古典文學研究界的影響，是一場嚴重鬥爭，經過這個鬥爭，將使古典文學研究工作進入一個新的階段。許多人準備寫文章參加討論，但也有一些古典文學研究者在發言中為俞平伯的考據勞績辯護，主要是擔心自己今後的考證工作會不被重視。關於這一點，我們在發言中適當地作了解釋。這次討論的目的，是要在關於《紅樓夢》和古典文學研究方面與資產階級唯心主義劃清界線，並進而運用馬克思主義的觀點和方法對《紅樓夢》的思想性和藝術性作出比較全面的分析和評價，以引導青年正確地認識《紅樓夢》。報告提出，在討論和批評中必須防止簡單化的粗暴作風，允許發表不同的意見，只有經過充分的爭論，正確的意見才能真正為多數人所接受。對那些缺乏正確觀點的古典文學研究者，仍應採取團結的、教育的態度，使他們在這次討論中得到益處，改進他們的研究方法。這次討論不應該停留在《紅樓夢》一本書和俞平伯一個人上，也不應該僅限於古典文學研究的範圍內，而應該發展到其他部門去，從哲學、歷史學、教育學、語言學等方面徹底地批判胡適的資產階級唯心論的影響。[54]

這個報告，彙報了《紅樓夢》研究座談會的情況，肯定了周揚會上的總結發言。這個報告是十月二十七日送上去的，毛澤東當天就作了批示，批語是：

[54] 對陸定一關於展開〈紅樓夢〉研究問題的批判報告的批語》後面的注釋。《建國以來毛澤東文稿》第四冊，第五八七—五八八頁

「劉、周、陳、朱、鄧閱，退陸定一照辦。」把陸定一的這個報告批給中共中央五大領導，表明毛澤東對這個報告的重視，也昭告了對周揚召開的這個討論會的肯定。「照辦」，是指討論應該發展到其他部門去的建議。

可以想見，周揚看到這個批示是怎樣的高興了：毛澤東對他信任如舊。

——江青在這次較量中完全失敗。這是江青沒有想到的。

就在毛澤東批准了陸定一的報告、肯定了周揚的討論會的前一天，毛澤東已經把鬥爭的鋒芒轉向《文藝報》主編馮雪峰。這個轉變的原因，除了毛澤東，只有江青知道。

從毛澤東十月十六日的信可以看出，江青和毛澤東都認為，李、藍的文章已經在九月末出版的《文藝報》第十八期轉載，他們也就沒有必要把刊物拿來再看了。所以毛澤東月十六日的信裡在談到李、藍的文章「被允許在《文藝報》轉載此文」，又談到「嗣後，《光明日報》的《文學遺產》欄又發表了這兩個青年的駁俞平伯《〈紅樓夢〉研究》一書的文章」之後，很有信心地說：「看樣子，這個反對在古典文學領域毒害青年三十餘年的胡適派資產階級唯心論的鬥爭，也許可以開展起來了。」他沒有想到，《文藝報》在轉載李、藍的文章時由主編馮雪峰加了一個嚴重違背他的旨意的編者按。毛澤東和江青發現這個問題的時間當在十月二十六日，《文藝報》第十八期已經出版一個月了。如何發現的，情況不瞭解，可能是某位同志反映的。毛澤東看了馮雪峰的編者按語極為震怒，要江青立刻打電話向《人民日報》袁水拍佈置寫作任務。袁水拍的《質問〈文藝報〉編者》是十月二十六日當天趕出來的，這從袁文中提到「中國作家協會最近開了一個會，討論關於《紅樓夢》研究的問題（見十月二十六日本報新聞）」可以證明。袁水拍二十六日把文章趕寫出來，立即送給毛澤東審批，毛澤東二十七日修改定稿，批語是：「即送人民日報鄧拓同志照此發表。」文章二十八日見報。文章發表得如此急速，可以看出毛澤東對於馮雪峰的編者按語的惱怒是非同一般的。

《質問〈文藝報〉編者》是一篇正式拉開對《文藝報》實為對馮雪峰進行大批判的檄文。文章對編者按語提出尖銳批評：「編者加了按語，大概是為了引起讀者對於這個討論的注意。但是可怪的是編者說了這樣一大堆話，卻沒有提到這個討論的實質，即反對中國古典文學研究中的唯心論觀點，反對文藝界對於這種唯心論觀點的容忍依從甚至讚揚歌頌」。文章以無比憤慨的語氣指出，「對名人、老人，不管他宣揚的是不是資產階級的東西一概加以點頭，並認為『應毋庸疑』；對無名的人、青年，因為他們宣揚了馬克思主義，於是編者就要一概加以冷淡，要求全面，將其價值儘量貶低。我們只能說，這『在基本上』是一種資產階級貴族老爺式的態度」。

江青十月二十六日奉毛澤東之命讓袁水拍寫這篇文章的時候，囑咐袁水拍要向外人保密。她是要在批判馮雪峰的鬥爭中也讓周揚處於被動。周揚於二十八日看到袁水拍的《質問〈文藝報〉編者》，是十分吃驚的。如此重大的鬥爭方向的改變竟然越過他進行，他立即打電話問袁水拍，是什麼意思。袁水拍告訴他是毛澤東讓他寫的，而且要他保密的。周揚一聽，知道「保密」云云，肯定是江青假傳聖旨。他求見毛澤東。十一月一日晚見到了毛澤東。若干年後，周揚帶著感激的心情向黎之談到會見的情況：

毛主席見到我，就把《文藝報》的編者按語給我看，他說你看看。他很生氣，毛主席生起氣來，挺厲害的。他說可恨是共產黨員不宣傳馬克思主義。《文藝報》必須批判，否則不公平。[55]

[55] 黎之《「我和毛主席」》，《三聯貴陽聯誼通訊》二〇〇六年第三期。

毛澤東見到周揚後向他傾吐對《文藝報》編者按不滿的言動，給忐忑不安的周揚一顆定心丸。他明白，毛澤東是把他倚為批判馮雪峰運動的左右手了。同時，他也明白《人民日報》發表《質問〈文藝報〉編者》向他保密，完全是江青假傳聖旨。——事態的發展不出周揚所料，他一下子接過了批判俞平伯、胡適和批判馮雪峰兩個運動的帥旗。

江青向周揚封鎖消息，原想讓周揚吃點苦頭，不想反讓周揚嚐到甜頭，而且是大大的甜頭。這是她沒有想到的。她最為後悔的應該是，當初不該不讓周揚參加研究李、藍文章改為由《文藝報》轉載的現場。如果讓周揚也同林默涵他們一起研究李、藍文章如何處理，周揚肯定會同林默涵們一樣，說出一些諸如「文章還不成熟」之類的話來。這樣才真正做到讓周揚在毛澤東面前掉價。她沒有看到這一步，自擺烏龍，自討沒趣，大大失算了。

如果江青一開始就讓周揚與聞李、藍文章轉載的事，周揚肯定要出醜的。無如江青不給他以出醜的機會，反倒成全了他。

周揚的「院士」桂冠

一九五五年六月三日，《人民日報》頭版顯著位置發表國務院命令，公佈了中國科學院學部委員即院士二百三十三人的名單。哲學社會科學部的名單中赫然出現周揚的名字。院士，應該是在某項學術領域有傑出建樹的專家，而周揚在學術上又有什麼傑出建樹呢，頗令人困惑。這裡，且就《周揚文集》中一九五五年以前的文章作一番掃描，看看周揚的文章究竟有多少學術含金量。含金量指數分五個等級：最高為五，最低為一。沒有含金量則為〇。

一九二九年，文章一篇。

《辛克萊的傑作：〈林莽〉》。全文內容是介紹作品的梗概。

學術含金量：〇。

一九三一年，文章兩篇。

第一篇《巴西文學概觀》。《周揚文集》的編者有注：「根據外文材料編寫」。僅此一注，宣判了這篇文章的學術含金量是別人的，不屬於周揚的。

第二篇《綏拉菲莫維支——〈鐵流〉的作者》，根據外國資料編寫的作者簡介。學術含金量：〇。

一九三二年，文章三篇。

第一篇《關於文學大眾化》。為了宣傳文學大眾化，竟不惜醜化「五四式」的白話，認為那是「民族資產階級的專利」。

學術含金量：〇。

第二篇《到底誰不要真理，不要文藝？》。這是一篇同「第三種人」蘇汶進行論戰的文章。周揚給蘇汶的階級定位是：「即使沒有做『那一階級的狗』，至少幫了『那一階級的狗』來咬『左翼文壇』」。不承認在兩大階級對立的當時存在「第三種人」，這是犯了原則性的錯誤。

這就從根本上決定了整篇文章的含金量只能是：〇。

第三篇《自由人文學理論檢討》，是回應瞿秋白、馮雪峰對胡秋原的批判而作。瞿秋白、馮雪峰把胡秋原當敵人批，周揚批得更狠。胡秋原在《阿狗文藝論》中提出「文學與藝術至死是自由的，民主的」，是針對國民黨反動派的「民族主義文學」的，是向國民黨反動派要自由和民主的，周揚卻指斥胡秋原是「在反對法西斯蒂主義文藝的煙幕之下來反對普洛文學」。

學術含金量只能是：○。

一九三三年，文章四篇。

第一篇《夏里賓與高爾基》。小雜感。夏里亞賓是十九世紀末二十世紀初俄國著名的低音歌唱家，歌劇演員。僅僅因為十月革命後離開俄國，就把他貶為「侍奉貴族的歌伶」，左得可怕。

學術含金量：○。

第二篇《文學的真實性》。只要看看文章最後對於全文主旨的概括敘述便可以了：「只有站在革命階級立場，把握住唯物辯證法的方法，從萬花繚亂的現象中，找出必然的，本質的東西，即運動的根本法則，才是到現實的最正確的認識之路，到文學的真實性的最高峰之路。」——完全是唯物辯證法的創作方法的翻版。

學術含金量：○。

第三篇《十五年來的蘇聯文學》。內容豐富。作者在篇末有注：「這篇文章是根據今年的Voks上面的C・則林斯基的論文的。」說明文章的含金量屬於原作者，與周揚無關。

第四篇《關於「社會主義的現實主義與革命的浪漫主義」》。周揚在文章最後說：「我算是把吉爾波丁所提倡的『社會主義的現實主義』理論，作了一個簡單的介紹了。」——文章的含金量屬於吉爾波丁，與周揚無關。

一九三四年，文章五篇。

第一篇《高爾基的文學用語》。文章指出：「高爾基一面強調了在文學領域內的言語的選擇的重要，一面又警告我們新的文學的言語必須從活生生的大眾的口頭語中去獲得，決不是在『溫室』裡創造出來的。」觀點正確，但深度不夠。

學術含金量：一。

第二篇《「國防文學」》。周揚說，他是從蘇聯文壇把諾維科夫-普裡鮑依的小說《對馬》譽為「國防文學」而想到這個名稱也可以用之於中國文學運動的。《對馬》是一部反映日俄戰爭時帝俄艦隊在對馬海峽的海戰中遭遇潰滅的作品。日俄戰爭。是兩個帝國主義國家為爭奪中國東北而進行的骯髒戰爭，蘇聯文壇把這部為這場海戰失敗大唱不平之歌的作品推崇為「國防文學」，完全站錯了立場。周揚竟然據以提出「國防文學」口號，糊塗得可以。

學術含金量：○。

第三篇《從比蘭台羅說到文學上的悲觀主義》，第四篇《現實的與浪漫的》，第五篇《憂鬱的文學》，都是隨感式的短文，現象羅列，缺乏分析。非學術性文章，相應不議。

一九三五年，文章三篇。

第一篇《高爾基的浪漫主義》。文末有一個追記：「這篇文章與其說是一篇完整的論文，還不如說是一篇讀書札記。」

學術含金量：○。

第二篇《俗物主義》，隨感式短文，非學術性文章。

學術含金量：〇。

第三篇《果戈里的〈死靈魂〉》。內容介紹多於問題分析，無新意。

學術含金量：一。

一九三六年，文章五篇。

第一篇《現實主義試論》。介紹了現實主義歷史的發展，著重論述了「新的現實主義」的特徵。「對作家強調要把習得正確的世界觀當作創作前提的條件，是不正當的要求，但是確保和闡揚這個世界觀卻是誘導作家走向正確的方向的最大的保證。」——說來說去還是強調世界觀的作用。對深入生活、深入人物內心世界的重要性認識得很不夠。

學術含金量：〇。

第二篇《典型與個性》。這是與胡風討論如何理解典型的普遍性和特殊性的文章。文章最後，離開論題，對胡風進行人身攻擊：「胡風先生主張群體的典型，而抹殺作為典型之重要的一側面的個人的個性，把典型的創造的意義和目前中國文學的戰鬥的任務分離開來，對於在迅速反映社會事變一點上有非常積極的意義的小形式的文學取著一種多少輕視的觀點，這樣，胡風先生的理論把讀者、作者引導到什麼地方去呢？」

學術含金量：○。

第三篇文章《關於國防文學——略評徐行先生的國防文學反對論》。如副標題所示，是對於托派徐行反對民族統一戰線政策的謬論的批駁。這是無可厚非的，儘管他對「國防文學」的解釋有關門主義的錯誤。但是，他在反擊徐行的同時對當時不同意這個口號的革命作家也進行了打擊，這就不足取了。周揚在談到徐行的意見必須批駁的理由時，是這樣說的：「他的意見正代表著一部分『左』的宗派主義者，他們對於國防文學雖然到現在還是保持著超然的沉默的態度，但是他們的宗派主義對於文藝戰線上的統一戰線或多或少地發生了阻礙的力量。」把對「國防文學」口號不表態的作家謚之為「宗派主義者」，並把他們和托派徐行相提並論，加之以「對於文藝戰線上的統一戰線或多或少地發生了阻礙的力量」的罪名。左得可怕。

學術含金量只能是：○。

第四篇《現階段的文學》。這是針對胡風《人民大眾向文學要求什麼？》，對胡風提出的「民族革命戰爭的大眾文學」口號進行批駁的。他氣勢洶洶地說：「他抹殺了目前彌漫全國的救亡統一戰線的鐵的事實，所以對於『統一戰線』，『國防文學』一字不提，在理論家的胡風先生，如果不是一種有意的抹殺，就不能不說是一個嚴重的基本認識的錯誤。」就憑這番指斥，可以知道文章有沒有學術含金量了。

第五篇《與茅盾先生論國防文學的口號》。周揚的一個意見：「茅盾先生以為『國防文學』只是作家間的標幟，而不能作為創作的口號，這我就不能同意了。」周揚又一個意見：「在『國防文學』的口號之外，不是不能容許別的同類性質的口號的輔助的存在，只要那口號不妨礙文學上統一戰線的運動。『民族革命戰爭的大眾文學』就恰恰是在相反的情形之下提出來的。」——「民族革命戰爭的大眾文學」的口號是「妨礙文學上統一戰線的運動」的，不能允許存在。周揚嚴重的頑固的宗派主義和關門主義，暴露無遺。

學術含金量：○。

一九三七年，文章四篇。

第一篇《藝術與人生》。簡單介紹車爾芮雪夫斯基的《藝術與現實之美學的關係》。一般的普及文學知識的文章。

學術含金量：〇。

第二篇《論〈雷雨〉和〈日出〉》。文章對曹禺的兩個劇本作了鞭辟入裡的分析，在熱情肯定兩個劇本的成就的同時，指出它們的不足。有創見，有說服力，很深刻，顯示了周揚的藝術鑒賞力和藝術剖析力。

學術含金量：五。

第三篇《我們需要新的美學》。如副標題所示，是「對於梁實秋和朱光潛先生關於『文學的美』的論辯的一個看法和感想」。對梁實秋的接近了現實主義的文學見解表示讚賞，也指出梁實秋理論的最弱的一面。對於朱光潛的美學觀，則作出鞭辟入裡的分析。很有理論深度。並指出新的美學的發展前景。文章以理服人，完全出之於學術討論的平和口氣。

學術含金量：五。

第四篇《現實主義和民主主義》。對胡適之、陳獨秀和魯迅在五四新文學運動中的開創意義作了如實的肯定。這在當時是需要學術勇氣的。

學術含金量：四。

一九三八年，文章四篇。

第一篇《我所希望於〈戰地〉的》。對辦好《戰地》提出的幾點意見是深刻的，顯出周揚的思想理論水平。

學術含金量：四。

第二篇《抗戰時期的文學》。對於抗戰一年來文藝創作出現的嶄新的成就估計嚴重不足。這是他不願看到胡風主編的《七月》上諸如東平的《第七連》、S・M・的《閘北打了起來》、田間的《給戰鬥者》等作品密切關聯的。

學術含金量：一。

第三篇《略談愛國主義》。應景之作。

學術含金量：〇。

第四篇《新的現實與文學上的新的任務》。對於作家在抗戰的新形勢前面臨的新問題以及克服的途徑，都做了比較實在的考察。

學術含金量：二。

一九三九年，文章三篇。

第一篇《我們的態度》。這是為《文藝戰線》月刊寫的發刊詞。從團結廣大作家的善意出發，提出了作家間「培植民主主義的風氣」的重要，提出了「創作上的主張是以現實主義為歸依」，提出了「我們雖然非常尊重在後方的許多作家的艱苦的努力，但卻期盼著更多的作家到前線去」，提出了作家加強的修養問題，提出了文藝大眾化的問題。考慮周全，論述有方。雖然是一篇發刊詞，卻具有學術水平。

學術含金量：三。

第二篇《從民族解放運動中來看新文學的發展》。文章頗多偏頗。認為五四時期新文學的創始者向西方吸取滋養時不免同時吸進了世紀末的毒汁，並舉魯迅為例，認為魯迅就持有「新的毒汁也仍較勝於中國幾千年的發黴的老例祖傳」的錯誤態度。周揚引出魯迅提到的三個外國對象，說它們都是「新的毒汁」的代表。一、達爾文。達爾文是生物進化論的奠基人，功不可沒。我國近代啟蒙主義者嚴復用它來解釋社會現象，雖然是不科學的；但他是以「物競天擇」的觀點作為中國必須奮發圖強的「論據」使用的，客觀上在當時起了巨大的積極作用。魯迅早期用它來作為一種反帝反封的武器，是根本扯不到「新的毒汁」上去的。二、易卜生。他的作品，對資產階級社會的庸俗不義作了猛烈的抨擊。對於「頗有以孤軍而被包圍於舊壘中之感」的魯迅是很有激勵鬥爭意志的作用的。有的評論者認為，易卜生的「獨戰多數」精神是同無產階級思想相衝突的。這是忘記了易卜生所處的時代環境的教條主義說法，扯不到「新的毒汁」上去。三、Apollo。希臘神話中的太陽神。魯迅在文章裡顯然是把他它作為西方文化光明進步的一面的象徵來使用的，根本扯不到什麼「新的毒汁」上去。

學術含金量：〇。

第三篇《一個偉大的民主主義現實主義者的路》。比較深刻地論述了魯迅思想發展的全過程，論證了魯迅不愧是「中國革命的文學之開闢者、導師和領袖」，論證了魯迅不愧是「中華民族的千古不朽的偉人」。回避了兩個口號論爭，是一不足。

學術含金量：四。

一九四〇年，文章三篇。

第一篇《對舊形式利用在文學上的一個看法》。對於舊形式利用的論爭提出自己的看法，是切合實際的。最後提出：「由於社會基礎的不同，讀者對象的各異，目前新文藝創作可以有一方面是專為一般大眾寫的，即通俗化的，以舊形式為主，一方面的仍以知識份子學生為主要對象，但同時並不放棄爭取廣大群眾的從來的新文藝。這個兩個方面不但不互相排斥，正互相補充，互相滲透，互相發展，一直到藝術與大眾之最後的完全的結合。」這是很深刻的見解。

學術含金量：五。

第二篇《關於文協工作》。這是答覆老舍的信。對於文協「如何更進一步的去爭取文協自由發展的更好條件，加強文協與抗戰的更密切的聯繫，培養文藝上的新軍，保障文藝人本身的生活」等方面問題，都作了扼要的比較中肯的討論。

學術含金量：三。

第三篇《關於「五四」文學革命的二三零感》。把陳獨秀的文學主張中的二元論說成是同他後來政治上的動搖與變節一脈相通，太牽強。時間已經是一九四〇年，還向當了漢奸的周作人呼籲：「你『迷入獸道鬼道』的人呀，你應該『睜開眼睛』，看看『世上有這樣好的陽光！』」太糊塗了。

學術含金量：〇。

一九四一年，文章四篇。

第一篇《魯藝訂藝術工作公約》。雖然不是學術文章，但是有一定的學術價值。

學術含金量：二。

第二篇《文學與生活漫談》。前兩部分對於生活與創作的關係的論述，沒有什麼新意。最後一部分不指名地對艾青、羅鋒、舒群、蕭軍等人進行熱諷冷嘲，一無是處。

學術含金量：〇。

第三篇《精神界之戰士》。從魯迅早期的文章中看到魯迅要求的「雄聲」，是舊民主主義文化向新民主主義文化轉化的先聲。這是很深刻的發現。對於「非物質，重個人」的觀點，作了符合實際的解釋。而且認為「對於我們今天也仍不失它巨大思想教育意義」。這在根據地的條件下是很大膽的提法。對於魯迅當時的進化論思想，認為「迫近了辯證法的觀點」。指出魯迅認識出鬥爭是絕對的，平和只是暫時的、相對的現象，實在是一種可驚的天才的灼見。論述十分深刻。對於魯迅與尼采思想的看法，也作了難能可貴的中肯闡述。這是一篇很有獨到見解的文章。

學術含金量：五。

第四篇《郭沫若和他的〈女神〉》。對於郭沫若的《女神》的新的思想內容、新的形式，作了相當深刻的分析闡述。但對詩篇的缺乏堅實的現實基礎的弱點，沒有涉及。

學術含金量：四。

一九四二年，文章四篇。

第一篇《關於車爾尼雪夫斯基和他的美學》。

這篇文章比較全面地介紹了車爾尼雪夫斯基戰鬥的一生和他的美學著作的歷史意義。肯定了車爾尼雪夫斯基「美是生活」的觀點的積極意義，也指出其偏頗。指出車爾尼雪夫斯基認為藝術不僅再現生活而且說明生活，對它下判斷。指出「再現生活」與「模擬自然」的迥然不同，都是很中肯的。文章對於接受車爾尼雪夫斯基的美學遺產有指導意義。

學術含金量：四。

第二篇《王實味的文藝觀與我們的文藝觀》，全文一萬七千餘言，是對王實味的《政治家，藝術家》進行集中批判的。王實味的這篇繼《野百合花》之後寫的文章，發表之後就遭到批判，但那時王實味的問題還是作為人民內部問題對待的。到了六月，經過中央研究院連續幾天的大批判，問題迅速轉化為敵我矛盾，王實味被扣上「托派分子」的帽子，批判的調子也大大升級。周揚這篇文章就是寫於此時。他把王實味的文章同托洛斯基的論點聯繫起來，「揭露」王實味的「托派」面目。王實味的文章以十三個片段組成；為了看出周揚

們的陣營進行工作；特別是在中國，人的靈魂改造對社會制度改造有更大的反作用；它不僅決定革命成功的遲速，也關係革命事業的成敗。[56]

這三個片段的文章，有什麼問題呢？——不僅沒有問題，而且是十分深刻的。周揚卻從中「推導」出三大問題：一、「他不但絲毫沒有藝術服從政治的觀念，而且給了政治應受藝術指導的相反暗示；二、宣揚人性論；三、寫黑暗比寫光明更重要。只要頭腦稍稍清醒一點的讀者，都會感到這樣的「推導」完全是肆意歪曲原意的深文周納，哪有半點實事求是的影子。更奇怪的，周揚居然還能找到它們同托洛斯基觀點的聯繫。限於篇幅，這裡只簡略考察一下他是怎樣為王實味的所謂「反對藝術服從政治」的觀點找到同托洛斯基觀點的聯繫的。周揚根據托洛斯基一九二三年《文學與革命》中認為黨應當間接地領導藝術的一段話，「推導」出這樣的結論：「這就是說，馬克思主義方法對藝術不適用。這就是說，黨在藝術領域內應採取自由放任的方針。」任何思維力正常的讀者都會看出，這是以極拙劣的手段在羅織罪狀。托洛斯基的言論裡是無論如何「推導」不出如此荒謬的結論的。而周揚，卻揚揚得意地宣佈，王實味的

56 《論〈紅旗歌〉》，《文藝報》第二卷第四期。

反對藝術服從政治的觀點，其源就在這裡。——無須再掃描了。僅此一例，就足以說明周揚這篇文章的水平了。

學術含金量：〇。

第三篇《藝術教育的改造問題》。對於領導魯迅藝術文學院的工作進行了總結，並提出改進方案，比較深刻。

學術含金量：二。

第四篇《略談孔厥的小說》。對孔厥的小說的肯定，是正確的。雖然由於周揚只是從政治的層面看取作品的優點，但能及時發現孔厥的才能，還是可貴的。《苦人兒》是孔厥最好的作品，作品通過貴女兒在極其複雜極其痛苦的情感死胡同裡顛簸打轉求生不得求死不能的火辣辣的悲劇遭遇，令人戰慄地揭露了舊婚姻觀念活在人民身上的殘酷性質。周揚卻認為它只是一個「生理的悲劇」。這一重大偏頗，正是他只從政治層面看取作品造成的。

儘管文章存在問題，但是還可以給予學術含金量：一。

一九四三年，文章兩篇。

第一篇《中蘇英美文化交流》。這是為慶祝中美中英廢除不平等條約而寫的應景之作。不是學術論文。

學術含金量：〇。

第二篇《一位不識字的勞動詩人——孫萬福》。介紹了孫萬福的詩歌才華。熱情有餘，深度不夠。

學術含金量：一。

一九四四年，文章三篇。

第一篇《表現新的群眾的時代——看了春節秧歌以後》。對當年的春節秧歌運動給予高度評價；比較深入細緻地分析了新秧歌的優點，指出改進方向。但是把以宣傳鼓動為第一要義的秧歌說成是「表現」了「新的群眾的時代」，未免言過其實。

學術含金量：三。

第二篇《〈馬克思主義與文藝〉序言》。把《講話》說成是「中國革命文學史、思想史上的一個劃時代的文獻」，說成是「馬克思主義文藝科學與文藝政策的最通俗化、具體化的一個概括」，是「馬克思主義文藝科學」的「最好課本」，都言過其實。

學術含金量：○。

第三篇《〈把眼光放遠一點〉序言》。對獨幕劇《把眼光放遠一點》給了熱情的肯定，比較符合作品實際。

學術含金量：二。

一九四五年，文章一篇。

《關於政策與藝術——〈同志，你走錯了路〉序言》。文章說：「自『文藝座談會』以後，藝術創作活動上的一個顯著特點是它與當前各種革命實際政策的開始結合，這是文藝新方向的重要標誌之一。」周揚是用這個標準來肯定劇本《同志，你走錯了路》的。這個前提就是錯誤的，而且劇本的「結合」並不像周揚所讚揚的那樣美妙。

學術含金量：○。

一九四六年，文章兩篇。

第一篇《「五四」文學革命雜記》。這是一篇閃耀著歷史唯物主義光輝的好文章。文章肯定了胡適在「五四」文學革命中的重要作用。對陳獨秀，在肯定其作用的同時指出他見解的混亂，不如胡適。肯定了魯迅作品的重大作用。肯定了周作人《人的文學》的意義，肯定「五四」白話運動的作用。不因人廢言，還歷史以真實面目。在當時，陳獨秀是公認的「托派」，胡適是公認的美帝走狗，周作人是漢奸。處身解放區的周揚，能夠把這三個人與魯迅並列給以應有的歷史評價，不能不說是很有膽識的。

學術含金量：五。

第二篇《論趙樹理的創作》。趙樹理的《小二黑結婚》和《李有才板話》，在當時根據地的具體條件下，對於文藝如何為根據地的農民服務，為當時的革命政治服務，是提供了若干示範作用的。但周揚的文章對趙樹理的成就和作用讚揚過頭，缺乏實事求是精神。如，周揚認為作品在人物創造上有特色；偏偏作品中的人物寫得都很單薄，尤其是李有才，更只是一個影子。

文章的學術含金量：〇。

一九四七年，文章一篇。

《談文藝問題》。文章存在重大偏頗。如：「主題是確定的，文藝工作者應當而且只能寫與工農兵群眾的鬥爭有關的主題。」「文藝工作者必須真實地反映群眾的要求和情緒，而且站在一定的政策思想水平上回答從實際鬥爭中提出的問題」。

學術含金量：〇。

一九四八年，文章一篇。

《反對「克里空」作風，建立革命的實事求是的新聞作風》。文章批評新聞報導中嚴重的「克里空」現象，這樣的文章是無法具有什麼學術性的。有的地方也說得過火，把某些「誇大和捏造土改的成績」的「克里空」的報導，說成是「自覺的或不自覺的代表著地主富農的利益和觀點來麻痹我們」，純屬胡亂上綱上線。

即使沒有說得過火之處，文章的學術含金量也只能是：〇。

一九四九年，文章一篇。

《新的人民的文藝》。這是周揚一九四九年七月文代會上做的關於解放區文藝運動的報告。它不僅總結了解放區文藝運動在《講話》的指導下的光輝成就，更指出了新中國的文藝運動的方向在於繼續遵循《講話》精神前進。如所周知，《講話》是在抗日戰爭時期敵後根據地那樣一個特殊條件下為適應那個特殊條件而產生，用以指導那個特殊條件下的文藝運動的。新中國成立後，條件有了這樣幾個重大變化：

解放前，黨的工作重心在農村；解放後，黨的工作重心在城市。

解放前，黨的主要任務是打倒三大敵人在中國的統治，奪取抗日戰爭和人民革命戰爭的勝利，革命戰爭是壓倒一切的戰略任務；解放後，主要任務是經濟建設、文化建設，尤其在社會主義改造基本完成之後，經濟建設、文化建設更應當成為壓倒一切的戰略任務。

解放前，革命的主要動力是工農兵，尤其是農村廣大的農民；解放後，從事現代化經濟建設的主力，不應該只是工人農民，更應該是廣大具有現代文化科學知識的知識份子，而從事現代文化建設的主力，更是非知識份子莫屬。

解放前，根據地和解放區的文藝工作者面對的，是廣大的文化水平極低、文藝欣賞力極保守的農民；解放後，文藝工作者必須面臨城市中有相當文化水平和相當欣賞力的思想開放的知識份子，不僅僅限於如周揚在報告中說的「革命知識份子」，亦即來自解放區的「已經改造好」的知識份子。

在這種情況下，文藝政策必須作重大的調整，是顯而易見的。然而，人們在周揚的報告裡看不到這樣的消息。

這篇報告的學術含金量：○。

一九五○年，文章四篇。

第一篇《關於地方戲曲的調查研究工作》。是給程硯秋的一封談戲改的回信。見解一般。

學術含金量勉強給：一。

第二篇《中國民間文藝研究會成立大會開幕詞》。例行公事的講話。

學術含金量：○。

第三篇《怎樣批判舊文學》。談舊文學的民主性，只舉《紅樓夢》、《水滸》與舊戲曲為例。最後提到《詩經》、《楚辭》，離題發言，說什麼「《詩經》、《楚辭》，我們也應該作一番清理工作，如果可能的話甚至作一番翻譯工作」。「民主性」隻字不提。這是在燕京大學給大學師生做的報告，卻了無學術性。

學術含金量：〇。

第四篇《論〈紅旗歌〉》。《紅旗歌》是反映一個落後女工改變的劇本。劇本的作者念念不忘於周揚當年對這個劇本的肯定。然而，周揚怎樣肯定這個劇本的思想意義的呢？請看原話：「它表揚了工人在生產競賽中的高度勞動熱情，批評了工人中的落後分子，也批評了某些積極分子對待落後工人不去耐心團結教育而只是譏諷打擊的那種不正確的態度；表揚了行政管理上的民主作風，批評了官僚主義、命令主義的作風。這一切都是通過了活生生的個性描寫。」[57]——劇本的主人公是馬芬姐，一個思想落後的紗廠女工，一個「被舊世界的剝削、壓榨、凌辱所歪曲了的性格」。劇作表現了馬芬姐從落後到覺悟的複雜的心理過程，由此昭示了共產黨教育落後工人的偉大力量。肯定這一作

[57]《論〈紅旗歌〉》，《文藝報》第一卷第四期。

品的思想意義，無疑必須扣住作品主人公馬芬姐這一形象進行。周揚卻莫名其妙地把作品中的一些次要的、從屬的乃至表層的政治意義一齊抬將出來，把它們統統抬到重要的位置上，作為作品的主要意義加以概括，而偏偏遺漏了最關鍵最核心最基本的思想意義：揭示了舊的思想意識活在工人身上的嚴峻現實，昭示了對工人中落後成員教育的艱巨性與重要性。周揚在如此脫離作品形象體系對作品的思想意義作了如此不著邊際的概括之後，還進一步對這些方方面面的思想意義逐條加以闡釋。強調文學作品的政治意義，竟強調到如此忘乎所以的地步！

這還是對劇本的肯定，對劇本的缺點的批評就更不成體統了。請看有關文字：

《紅旗歌》的主要的也是比較嚴重的缺點就是沒有很好地表現出工廠中黨的領導和工會活動的作用。不錯，彭管理員、老劉、金芳都是代表黨的人物，但是看不見黨的集體的領導，只看見彭管理員一人「單槍匹馬」。黨員的形象顯得沒有力量。……工會活動也太少，幾乎完全成了行政的附庸。工會分會主任老劉的一個重要活動，就是送配賣麵到馬芬姐家中，並送還她的圍腰、證章，通知她回廠，這一件事引起了正在絕望中的馬芬姐思想上、情感上激烈的變化，使她走上最後的轉變，工會關心工人的物質福利，並在可能條件下改善工人生活，對於啟發與提高工人的政治覺悟，鞏固他們的勞動紀律，具有重大的意義；但是作為共產主義學校的工會，應當抓緊一切機會對工人進行階級的政治的教育；作為工會分會主任的老劉卻沒有盡到這樣的責任。他對馬芬姐的錯誤沒有進行過一次認真的批評。不但是他，就是彭管理員、金芳，在對待馬芬姐的錯誤上，耐心說服是很夠的，但有些地方卻表現了過多的感情的遷就。就團結和教育的方法上的這種缺點來說，蔡天心同志的批評是對的。

這段批評文字告訴我們：

必須在劇本中寫黨的「集體領導」，才能表現出黨的領導作用；

必須寫出工會分會主任「抓緊一切機會對工人進行階級的政治教育」，才能表現出工會的作用。

這是硬要作者在劇本中把黨的集體領導和工會的政治教育搬上舞臺進行示範性的觀摩表演！

工會的「作為共產主義學校」的性質，完全可以通過工會幹部送配賣面並送還圍腰、證章來體現，通過通知馬芬姐回廠這一行動來體現，完全沒有必要讓扮演工會幹部的演員在舞臺上發表長篇「政治教育」的說教。

黨的領導完全可以通過個別黨員幹部來體現，不必把黨支部會議開到舞臺上來。馬芬姐最後的轉變，不就生動地表現出了黨的領導力量嗎！

周揚這段言論還告訴我們，對於馬芬姐這樣的落後工人，不該過多地在感情上遷就。周揚還指出，他完全同意蔡天心對劇本這一缺點的批評。蔡天心在《〈紅旗歌〉的主題思想》（《文藝報》第一卷第十一期）一文中，對劇本的這一「缺點」作了極其粗暴的抨擊，指斥劇本「在團結問題上」，「是非常無原則的」。「在《紅旗歌》裡面的團結，是以團結高於一切的思想為主導，也就是為了團結而團結，為了團結可以不問是非」。「《紅旗歌》裡表現的團結，不是無產階級的團結，而是無原則的遷就，壓迫積極分子向落後的具有反動意識的分子賠罪，這是對團結的原則問題的最大曲解」。而周揚，竟然對這樣的「左」得出奇的指斥大加讚賞，引為同調。

文章學術含金量：〇。

一九五一年，文章七篇。

第一篇《從〈龍鬚溝〉學習什麼？》。肯定老舍的「真正的政治熱情與真正的現實主義的寫作態度」。對於作品的總體評價顯然偏高。

學術含金量：二。

第二篇《一九五〇年全國文化藝術工作報告與一九五一年計畫要點》。例行公事之作，不是學術文章。

學術含金量：〇。

第三篇《堅決貫徹毛澤東文藝路線》。把《講話》奉為超越時空的真理，是嚴重錯誤。

學術含金量：〇。

第四篇《在中國共產黨第一次全國宣傳工作會議上的報告》。片面強調對文藝的「政治上的幫助」。實踐早已證明這是不可取的。

學術含金量：〇。

第五篇《反人民、反歷史的思想和反現實主義的藝術——電影〈武訓傳〉批判》。一九五一年發動對電影《武訓傳》批判，把一個行乞興學的義丐誣為封建奴才，把一部雖有一些缺點卻於人民有利的電影誣為反動作品，是一場犯了方向性錯誤的舉措。周揚這篇文章是緊跟決策中樞之作，一無是處。

學術含金量：〇。

第六篇《在文藝界〈長征〉座談會上的講話》。對歌劇《長征》作了比較全面的考察，有很好的意見，如認為歌劇對於艱苦的一面表現得不夠；如指出歌劇沒有寫敵人。但也有教條主義的意見。

學術含金量：二。

第七篇《整頓文藝思想，改進領導工作》。例行公事之作。

學術含金量：〇。

一九五二年，文章四篇。

第一篇《毛澤東同志〈在延安文藝座談會上的講話〉發表十周年》。例行公事之作。

學術含金量：〇。

第二篇《關於在戲劇上如何繼承民族遺產的問題》。這是在中央戲劇學院做的報告的節錄部分。報告提出無論是改造舊劇還是創造新歌劇，都應該注意構成我們民族特點的東西。批判了戲改工作中的錯誤傾向。有一定的指導意義。

學術含金量：一。

第三篇《改革和發展民族戲曲藝術》。這是周揚在第一屆全國戲曲觀摩大會上的總結報告。報告提出「更好地為國家和人民服務」，衝破「為工農兵服務」的框框，是很有見地的。報告對於民族戲曲藝術的優良傳統的闡述，對於反對保守觀念和粗暴作風的批評，對於表現人民新生活、用正確觀點表現歷史的要求，都論述得精當有致。

學術含金量：五。

第四篇《社會主義現實主義——中國文學前進的道路》。這是寫給蘇聯文學雜誌《旗幟》的文章。應景之作。

學術含金量：〇。

一九五三年，文章兩篇。

第一篇《在全國第一屆電影創作會議上關於學習社會主義現實主義問題的報告》。

基本上就馬林科夫在蘇共十九大的報告中對社會主義現實主義的解釋作了一番傳達。

學術含金量：〇。

第二篇《為創造更多的優秀的文學藝術作品而奮鬥》。這是周揚在二次文代會上的主題報告。談了不少有關提高創作水平的問題，但在把《講話》懸為根本指導方針的情況下，這些問題的解決都是不可能的。

學術含金量：〇。

一九五四年，文章五篇。

第一篇《文藝思想問題》。要求文藝反映政策，這是犯了原則性的錯誤。

學術含金量：○。

第二篇《發揚「五四」文學革命的戰鬥傳統》。對於「五四」文學革命的傳統，由於不強調「個性解放」的傳統，對魯迅作品的理解不能不產生偏頗。在這個理解的基礎上談「發揚」，只能是偏離了「五四」的傳統。

學術含金量：○。

第三篇《在中國共產黨第二次全國宣傳工作會議上的發言》。在一些重要問題上弄虛作假。如說「鼓勵自由競爭」，這樣的局面從未出現過，在當時的條件下也不可能實現。

學術含金量：○。

第四篇《我們必須戰鬥》。這是在一九五四年十二月八日中國文聯主席團、中國作協主席團擴大會議上的總結發言。發言分三部分。第一部分，批了俞平伯和胡適。俞平伯的《紅樓夢》研究是存在錯誤的，但把他的問題在全國範圍搞運動大加批判，而且同胡適掛起鉤來批判，實屬極左表現。把「實用主義」歸結為「帝國主義資產階級哲學家為了反對現代唯物論，挽救垂死的資產階級而製造出來的一種反動哲學」，也是嚴重背離實際的。第二部分，批了馮雪峰，罪名是「對資產階級思想容忍和投降，對馬克思主義和宣傳馬克思主義的新生力量採取資產階級貴族老爺的壓制態度」。都是莫須有的罪名。馮雪峰自視極高，居然會向俞平伯這樣的舊知識份子的資產階級思想容忍和投降，是只能騙騙不明底細的年輕人的。第三部分，是專門批判胡風的。當局對胡風的批判是犯了方向性錯誤的舉措，這個錯誤從解放前開始，第一次文代會後更一路不斷升級，周揚這次發言是對胡風進行毀滅性打擊的前奏。

根本不是什麼學術文章。學術含金量：〇。

第五篇《在第二次全蘇作家代表大會上的祝詞》。應景之作。

學術含金量：〇。

周揚的「院士」是一九五五年六月正式宣佈的，所以我對周揚文章的考察只做到一九五四年年底。從一九二九年到一九五四年，共文章七十八篇。學術含金量夠得上五的，六篇。夠得上四的，五篇。夠得上三的，三篇。夠得上二的，五篇。夠得上一的，七篇。其餘都只〇。

周揚在一九四六年為出版他的論文集《表現新的群眾的時代》而寫的《前言》中說：「我努力使自己做毛澤東文藝思想、文藝政策之宣傳者、解說者、應用者」。周揚正是在這個自覺的「努力」中，在一九四二年以後，特別是在建國以後，越來越失去自我，思想僵化在教條主義裡，成了「政治機器」。即使解放前寫的為數有限的幾篇有較高含金量的文章，也成不了系統，成不了氣候，與真正「院士」的要求，相距不知若干萬里。

有誰不知道什麼叫「紙糊的桂冠」的嗎，請看這頂「院士」桂冠。

周揚「重新出版」《生活與美學》

一九五七年五月，人民文學出版社出版了車爾尼雪夫斯基的《生活與美學》，譯者署名「周揚」。

出版社在「出版說明」中交代了原先的譯本是周揚根據柯根的英譯轉譯過來的，一九四二年曾在延安出版——

> 現在本社將這本書重新出版，由譯者將譯文作了一次修改，又由編輯部根據一九五〇年蘇聯國家文學出版社的《車爾尼雪夫斯基選集》將正文加以校訂，並將英譯本所刪略的部分補全。

這個「說明」耐人尋味。既說「由譯者將譯文作了一次修改」，又說「由編輯部根據一九五〇年蘇聯國家文學出版社的《車爾尼雪夫斯基選集》將正文加以校訂」，更說「並將英譯本所刪略的部分補全」。這分明昭告了，參加

《生活與美學》重新出版的至少有三個人。周揚，只是在原譯本的基礎上「將譯文作了一次修改」。而更重要的工作是由後兩位翻譯者完成的。一個是「根據一九五〇年蘇聯國家文學出版社的《車爾尼雪夫斯基選集》將正文加以校訂」的編輯部的俄文翻譯者。一個是「將英譯本所刪略的部分補全」的編輯部的英文翻譯者。十分明顯，重新出版的翻譯者至少有三人：周揚，編輯部某俄文翻譯，編輯部某英文翻譯。而賦予重新出版的本子具有全新質量的關鍵人物不是周揚，而是那兩位（也許不止兩位）俄文翻譯和英文翻譯。人民文學出版社把他們出版的《生活與美學》的譯者僅僅署上「周揚」的大名，未免犯了侵犯他人冠名權的錯誤了。出版社如此討好周揚，不惜以埋沒有真才實學的翻譯工作者的勞績為代價來取悅于周揚，實在令人不敢恭維。

周揚想到要重新出版舊譯《生活與美學》，大概是在一九五三年夏季。那年年初，他被解除了文化部副部長和黨組書記職務，只保留中宣部副部長一職，被下放到湖南參加土改。應該正是在這個百無聊賴的倒楣時刻，他想到了重新出版舊譯《生活與美學》。但他也知道，不對舊譯作一番加工是不行的。但他更知道，以他的翻譯能力要對舊譯以新的面目，是極其困難的。他想到解決困難的妙方：請專家幫忙。這年九月，時來運轉，毛澤東把他召回北京，賦予一系列重任，這更增強了請專家幫忙的信心。他找的專家，就是蕭乾。

蕭乾提供的一個情況可以證明：

一九五四年，我還在《譯文》工作。一天，送來一個信封，是周揚讓送來的。他在翻譯普列漢諾夫的文章，想要我幫忙校對一下。他沒有寫信，信封上寫著「周揚辦公室」。我心想你找幫忙，連封信都沒有，不免有些彆扭，就把譯稿退回去。連續退回去了三次。

我說這與我的業務沒有關係。反正不是私人關係，就有這個藉口。

一次我們一起從北戴河回來，在車上他同我談到這個問題。問我怎麼退回去了。我沒有多說什麼，只是有些反感。到了一九五七年鳴放時，參加作協召開的第六次座談會，在當時的情形下，我憋不住了，就當面對周揚放了一炮。我提到了這件事。對他說：你知道我為什麼退回去嗎？你本人的翻譯要請我校，應該以個人的名義，不能以公家的名義。[58]

[58] 《與蕭乾談周揚》，李輝編著《搖盪的秋千》，海天出版社一九九八年版，第五十頁。

這裡說「他在翻譯普列漢諾夫的文章」，這是記錯了的。無論從周揚本人的文字和友人的回憶錄，找不到周揚「他在翻譯普列漢諾夫的文章」的影子。我認為，他要請蕭乾幫忙「校對」的，應該是他在延安翻譯並在延安出版過的車爾尼雪夫斯基的《生活與美學》。從蕭乾的敘述可以看出，蕭乾顯然沒有替他「校訂」。是周揚另請別人「校訂」了。請的是誰？就是人民文學出版社的實際掌權人王任叔。在王任叔的指示下，出版社的幾位俄文翻譯和英文翻譯費了九牛二虎之力完成了「校訂」任務，可連一個「校訂者」的署名也攤不上。光榮、名譽、稿酬，全叫周揚一個人包了。

周揚大概嘗到了「重新出版」的甜頭，一九五六年，他把三十年代翻譯的《安娜•卡列尼娜》上冊交給人民文學出版社，要求「重新出版」。王任叔奉命唯謹，讓謝素台根據毛德的英譯本修訂，以「上冊」的形式由出版社出版，譯者署名：「周揚」。光榮、名譽、稿酬，又全叫周揚一個人包了。

真有意思。

周揚「仇魯情結」的惡性大發作

周揚的「仇魯情結」，結胎於魯迅拒絕加入他的「文藝家協會」，公開發作于批判托派徐行的文章。在那篇文章裡，他在批判徐行的時候竟然說：「他的意見正代表著一部分『左』的宗派主義者，他們對於國防文學雖然到現在還是保持著超然的沉默的態度，但是他們的宗派主義對於文藝上的統一戰線或多或少地發生了障礙的力量。」（《關於國防文學》，一九三六年六月《文藝界》創刊號）把以魯迅為首的不肯被周揚牽著鼻子走的作家群與托派並論，極為離譜。在反駁茅盾的文章中又說：「我們不必在『國防文學』的口號之外另提別的口號，自外於文學上的統一戰線的運動。」（《與茅盾先生論國防文學的口號》一九三六年八月《文學界》第一卷第三號）但這些，和後來的惡性大發作比較，都只是小打小鬧，不足掛齒了。

一

第一次惡性大發作是一九四〇年。黎辛有揭發：

一九三六年魯迅先生在《答徐懋庸並關於抗日統一戰線問題》一文裡，不就說過周揚、田漢，「還有另兩個」「特來通知我，胡風乃是內奸」麼，魯迅回答「證據薄弱之極，我不相信」。四〇年代周揚在延安魯迅藝術文學院講全校聽的文藝理論課時說壓根兒沒有他和田漢等四人去找魯迅的事，在國民黨白色恐怖下，兩個人見面都有危險，怎麼能四個人一起行動？[59]

魯迅說的田漢、周揚他們找他的事，周揚在延安魯迅藝術文學院講全校學生與部分教職員工也自願聽的文藝理論大課時也曾講過。周揚說：在國民黨白色恐怖統治下，我們在上海兩個人見面都很謹慎，怎麼能四個人去找魯迅？周揚還說他個人從來不穿西裝、皮鞋，只穿大褂、

[59]《關於中國作家協會的反右派鬥爭及其他》，《新文學史料》一九九八年第四期。

布鞋。魯迅不出門，都是聽胡風亂說的。周揚說得認真、細緻，我們聽後感到有些是非難辨。[60]

周揚在魯藝師生面前撒出如此彌天大謊表明魯迅在《答徐懋庸並關於抗日統一戰線問題》中有關「四條漢子」那段文章是怎樣地成為他最大的心病。那段文章對他的壓力太大了。

周揚他們向魯迅報告胡風是「內奸」，此事是絕對不可傳出去的，魯迅居然向大眾公開出來，這是不能不使他十分被動的。

魯迅對「四條漢子」誣衊胡風的事給以這樣的評語：「對於周起應之類，輕易誣人的青年，反而懷疑以至憎惡起來了」。這個評語出諸魯迅之口，分量之重更是周揚難以承受的。

其實，如果周揚明智，完全可以坦蕩地把當時的情況如實說出，把自己應當擔負的責任承擔下來，求得人們諒解。然而他卻捨正道而不走，偏要撒下彌天大謊，意圖把自己撇得乾乾淨淨。這表明，魯迅《答徐懋庸》對於周揚的批判與揭露，這些年來實在壓得他難以忍受，必須找機會爆發。

60《關於「胡風反革命集團」案件》，《新文學史料》，二〇〇一年第二期。

他在撒謊的當時，由於一時頭腦發熱，顯然沒有考慮到另外一方面的情況。周揚否定他和田漢等四個人曾一起去見過魯迅，則魯迅倒成了一個無中生有敗人名譽的小人了，這不是對魯迅的大誹謗嗎？

魯迅，在革命群眾中享有極高的威望。毛澤東在延安紀念魯迅逝世一周年的大會上把魯迅譽之為「中國的第一等聖人」[61]，把魯迅的威望提到空前的高度。周揚的威望再高，能高過魯迅、蓋過魯迅嗎？魯迅的《答徐懋庸》一文有兩大重點，一個是論述兩個口號論爭的是非，另一個就是對「四條漢子」輕易誣人為「內奸」的揭發與批評。說魯迅論述兩個口號論爭是非的見解錯誤，還有人會相信；魯迅居然可以揑造出那樣一段事關重大的情節來誣陷周揚他們，魯迅不僅不夠資格成為「中國的第一等聖人」，連做人最起碼的道德也不具備了。這是熱愛魯迅、崇敬魯迅的人們絕對不能接受的。這一點，肯定是周揚撒謊的當時沒有考慮到的。我們不知道聽課的師生中有沒有起來提出質疑的。如果有，不知道周揚如何應付的。從黎辛的揭發看，似乎還沒有人敢提意見的。這大概是周揚事先估計到的，所以敢大膽撒出如此大謊。

61《論魯迅》，《七月》第十期。

周揚到了延安之後，一口一個「我們那時對魯迅認識不夠，對魯迅尊重不夠」，似乎很有那麼一點反躬自省的意思。然而，就是這個「壓根兒沒有他和田漢四人去找魯迅的事」，告白了周揚檢討的極端虛偽。

二

周揚第一次惡性大發作之後，由於找不到機會，安靜了多年。在這些年中，他還把自己打扮成魯迅的崇拜者，寫了一些為魯迅唱讚歌的文章。一九五六年，被毛澤東任命為魯迅遷葬工作的主持人，更讓他撈了一筆政治資本。然而，在第二年反右運動批判馮雪峰的高潮中，「仇魯情結」終於惡性大爆發，形成驚人的攻擊魯迅的狂熱行動。

攻魯狂熱行動之一：藉口批馮，惡攻魯迅。

一九五七年八月十四日，在作協黨組批判丁陳反黨集團第十七次大會上，夏衍作了被人們稱為「爆炸性」的發言。在那個發言裡，夏衍把三十年代的舊帳翻了出來：

直到今年八月為止，我們一直以為《答徐懋庸並關於抗日統一戰線》這篇文章是魯迅先生手筆。現在雪峰承認了這篇文章是他起草的。請在座的同志們重新讀一遍這篇文章。別的問題這裡不談，我只談其中有所謂「內奸」問題的一段。雪峰同志是一貫主張真實性和藝術的真實的，但是他起草的這一篇文章，不論描寫的細節和內容，都是不真實的。

夏衍的發言是抓住「雪峰承認了這篇文章是他起草的」這個關鍵大做文章的。夏衍的意思很明顯，既然文章不是魯迅寫的，就可以理直氣壯地給文章以徹底否定的評價，「不論描寫的細節和內容，都是不真實的」了。

夏衍自以為抓住「雪峰承認了這篇文章是他起草的」做文章決不會出錯。他，和他的後臺周揚都沒有注意到，馮雪峰僅僅承認了這篇文章是他「起草」的，並沒有承認這篇文章是他最後定稿的。因此，夏衍的指斥事實上是把矛頭直接指向魯迅了。但是，周揚還嫌火力不夠，沒有打中要害，自己按捺不住，站了起來，氣勢洶洶地對馮雪峰進行刺刀見紅的指斥，其中最主要的是這麼兩點：《答徐懋庸》中「輕易誣陷別人為內奸……我甚至懷疑過他們是否係敵人所派遣」一段話，是對周揚們的「政治迫害」。

把左翼內部爭論公開發表出來，也等於「公開向敵人告密」。這兩點，正是周揚要說的重中之重而夏衍說了半天沒有說到的。這是更加明目張膽地把矛頭指向魯迅。氣焰囂張，達於極點。

夏衍的發言是周揚和他共同炮製的。讓夏衍出面發言，自己躲在幕後，是原定的方針；現在，周揚按捺不住，自己跳到前臺來，這就自我暴露了夏衍唱的是出雙簧戲，而他是這出戲的真正主角。——狂熱的「仇魯情結」使他忘其所以了。

當時，許廣平忍無可忍，輪到她發言批判馮雪峰的時候，巧妙地給了夏衍和周揚以尖銳批駁。

許廣平的發言沒有收集在作協編的大會發言集中，這裡根據她寫於文革初期的《不許周揚攻擊和誣衊魯迅》[62]作些轉錄。許廣平的文章是把周揚當作文藝黑線總頭目來批的，有不少上綱上線的用語，但是，對於一些事實的揭露，卻是真實的。有關部分引錄如下：

[62]《紅旗》雜誌一九六六年九月第十二期

夏衍還造了一個謠言，說魯迅的《答徐懋庸並關於抗日統一戰線問題》一文，是馮雪峰用魯迅的名義寫的，接著攻擊這篇文章「不論描寫的細節和內容，都是不真實的」。

這真是欺人太甚了！我忍不住，當時在會上就說，你們「把一切不符合事實的情況，完全壓到魯迅頭上」！我還說明：「這篇文章我已送到魯迅博物館，同志們可以找來看看，在原稿上有魯迅的親筆，魯迅不同意怎麼發表了？發表以後魯迅有沒有登報聲明說「這篇文章是馮雪峰寫的，不是我寫的」？

周揚會後到魯迅博物館調來《答徐懋庸》原稿，看到文章草稿是馮雪峰的筆跡，但魯迅作了仔細修改，有好幾段還是魯迅親筆添寫的。周揚知道實情之後，理應相機退卻，但他毫無悔意，決心將攻魯狂熱行動進行到底。

狂熱行動之二：一條注釋，顛倒歷史。

周揚打定主意，進一步在《答徐懋庸》一文的注釋上做文章。一九五七年十月，周揚讓邵荃麟出面和馮雪峰談話。談話內容是：「你想留在黨內，必須有所表現，具體說，《答徐懋庸並關於抗日統一戰線問題》所引起的問題，你應該出來澄清，承認自己當時是在魯迅重病和不瞭解情況之下，你為魯迅起草了《答徐懋庸》的文章的。」邵荃麟還向馮雪峰提出，將於一九五八年出版的《魯迅全集》第六卷有關《答徐懋庸》一文的注釋，周揚的意思，應該由你馮雪峰來寫，交換條件是保留黨籍。馮雪峰在強大的壓力之下，也在爭取保留黨籍的僥倖心理下，按照周揚的要求，起草了《答徐懋庸並關於抗日統一戰線問題》的注釋。

一九五七年十月，人民文學出版社把注釋稿送請周揚審查。

第一段是文章出處的交代，沒有問題，通過。對第二段，周揚非常滿意，一字未改，予以通過，因為它肯定了「自動解散『左聯』，籌備成立『文藝家協會』」的正確，肯定了「國防文學」口號的正統地位。對第三段則極為不滿。主要的問題是，把周揚等人「輕易誣陷別人為『內奸』，為『反革命』，為『托派』，以至為『漢奸』……」之類的事亮出來，豈非往自己臉上抹黑！必須斃掉重寫。在周揚親自策劃下，由林默涵執筆重寫。但為了表明這段文章的重寫是符合馮雪峰的意思的，林默涵寫出之後還讓馮雪峰過目。周揚定稿的第三段是：

徐懋庸給魯迅寫那封信，完全是他個人的錯誤行動，當時處於地下狀態的中國共產黨在上海的文化界的組織事前並不知道。魯迅當時在病中，他的答覆是馮雪峰執筆擬稿的，他在這篇文章中對於當時領導「左聯」工作的一些黨員作家採取了宗派主義的態度，做了一些不符合事實的指責。由於當時環境關係，魯迅在定稿時不可能對那些事實進行調查和對證。[63]

首先，「徐懋庸給魯迅寫那封信，完全是他個人的錯誤行動，當時處於地下狀態的中國共產黨在上海的文化界的組織事前並不知道」，這樣一來，魯迅在《答徐懋庸》中稱徐懋庸的信代表周揚一夥的意見，就失去了根據，周揚等人攻擊魯迅的事實也不存在了。其次，《答徐懋庸》「是馮雪峰執筆擬稿的」，「這篇文章中對於當時領導『左聯』工作的一些黨員作家採取了宗派主義的態度，做了一些不合事實的指責」，是馮雪峰一手幹的。這是說，《答徐懋庸》一文是馮雪峰利用了「魯迅在定稿時不可能對那些事實進行調查和對證」的局限，讓魯迅被馮雪峰牽著鼻子走了。這樣，就一舉把《答徐懋庸》對

[63] 《魯迅全集》，第六卷，人民文學出版社一九五八年版第六一四頁。

周揚的指斥洗刷得乾乾淨淨。

那條注釋就是這樣由周揚一手炮製出來。事後，馮雪峰照樣被開除黨籍，上了周揚一個大當。

狂熱行動之三：狂封濫殺，書信遭劫。

一九五七年底，周揚讓林默涵出面，通過人民文學出版社常務副社長王任叔向魯編室負責人作了這樣的指示：

> 關於兩個口號的問題，當時上海文藝界的情況很複雜，有些人是借用這兩個口號的爭論攻擊周揚同志的，因此，書信中凡是有關兩個口號的問題，都不要收入。[64]

所謂「有些人是借用這兩個口號的爭論攻擊周揚同志的」，全屬假話。事實是，魯迅的書信中有關兩個口號論爭的言詞，如果讓大眾看到，對周揚太不利了。如：

[64] 轉引自許廣平《不許周揚攻擊和誣衊魯迅》，《人民日報》一九六六年九月二十日。

我鑒於世故，本擬少管閒事，專事翻譯，藉以糊口，故本年作文殊不多，繼嬰大病，槁臥數月，而以前畏禍隱去之小丑，竟乘風潮，相率出現，乘我危難，大肆攻擊，於是倚枕，稍稍報以數鞭，此彼雖猥劣，然實於人心有害，兄殆未見上海文風，近數年來，竟不復有人氣也。[65]

這樣的信公開出來，豈不是宣告周揚煞費心機炮製出來的注釋徹底破產嗎？周揚下令惟緊，王任叔奉命惟謹。在他的嚴格監控之下，對已經收集到的魯迅一千多封信進行了地毯式排查。有關兩個口號的問題的信一律檢出，予以封殺。不僅如此，連對周揚稍有不敬之辭的信，也在封殺之列。甚至與周揚無關只因涉及田漢個人的信，也不能倖免。如：

到秋天，有人把我的一封信，在《社會月報》上發表了，同報上又登有楊邨人的文章，於是又有一個朋友（即田君，兄見過的），化名紹伯，說我已與楊邨人合作，是調和派。被人詰問，他說這文章不是他做的。但經我公開的詰責時，他只得承認是他自己所作。不過他說：這

[65] 351015致台靜農，《魯迅全集》第十一卷，第四四七頁。

篇文章，是故意冤枉我的，為的是想我憤怒起來，去攻擊楊邨人，不料竟回轉來攻擊他，竟出於意料之外云云。這種戰法，我真是想不到。他從背後打我一鞭，是要我生氣，去打別人一鞭，現在我竟奪住了他的鞭子，他就「出於意料之外」了。從去年下半年來，我總覺有幾個人倒和「第三種人」一氣，惡意的拿我做玩具。[66]

這封信，寫於一九三五年二月，那時兩個口號的問題遠未出現，涉及的僅僅是「田君」即田漢個人的問題，然而也不行，必須予以封殺。大概是因為魯迅揭了田漢的短，很可能讓人們聯想到「四條漢子」，故必須斃掉。神經衰弱一至於此！

經過一番努力，封殺掉成問題的書信二十多封。按說，在出版《魯迅全集》的書信卷時，只要把這二十多封信抽去便可以。然而，周揚卻犯了愁。一九五六年出版《魯迅全集》第一卷的時候，曾明確昭告，《全集》書信卷將把已經收集到的一一九五封信全部編入。現在要砍去二十多封，如何向讀者交代，成了大問題。封殺的真實原因是絕對不能公之於眾的。周揚不愧智商高人

66 致曹靖華，《魯迅全集》第十三卷，第四七——四八頁。

一等，他想出絕招：乾脆多多地封殺一批，來個魚目混珠，編造個理由蒙混過去。這一下，一舉再砍掉八六〇封。第九卷的說明是：「我們這次印行的《書信》，係將一九四六年排印本所收八五五封和到現在為止繼續徵集到的三一〇封，加以挑選，即擇取較有意義的，一般來往信件都不編入，共計三三四封。」——「擇取較有意義的，一般來往信件都不編入」，為了封殺二十多封信，竟不惜拿八百多封信來陪葬，真是駭人聽聞。解放前，魯迅文章屢遭反動派審查官的封殺，誰能想到解放後還有周揚來繼承反動派的事業。

三大狂熱行動，周揚對魯迅的刻骨仇恨，暴露得淋漓盡致。

對比之下，一九四〇年在魯藝師生面前的謊言，屬於低級的行動，有如舞臺丑角的表演；一九五七—五八年的狂熱行動，則是大權在握的殺手真刀真槍的殺伐。

三

那麼，周揚為什麼敢於如此膽大妄為，而且沒有人干涉，一路綠燈到底呢？個中奧妙，我認為，和當時來自最高層的一股貶魯逆流大有關係。

一九五七年七月十日，正是反擊右派的狂潮突起之時，毛澤東在上海召集一些著名人士舉行座談。翻譯家羅稷南在會上向毛澤東提出一個大膽設想的問題：如果今天魯迅還活著，他可能會怎樣？毛澤東沉思片刻，回答說：「以我估計，魯迅要麼是關在牢裡還是要寫，要麼他識大體不做聲。」這就是說，魯迅如果活在一九五七年，他可能成為反黨反社會主義的大右派，而且死不改悔，關進監牢還要堅持寫他的反黨反社會主義的毒草文章。這個回答同毛澤東以往公開發表的對於魯迅的崇高評價，截然對立，這是完全出乎人們意料的，一時把與會者統統嚇住。

周揚雖然人在北京，沒有參加那次座談，但是，如此重大的資訊不會沒有耳報神向他通報的。這股來自最高領導的貶魯氣流，對於周揚來說是喜出望外的，給了他放手大幹的勇氣。他有持無恐，為所欲為。他炮製顛倒歷史的注釋，沒人干涉；他大肆封殺書信，沒人干涉。一路綠燈到底，如入無人之境。

在千載難逢的反魯逆流的大好形勢下，周揚篡改三十年代歷史攻擊魯迅的願望完全如願以償。他對魯迅的刻骨忌恨也暴露得徹底而又徹底了。

周揚探病的「佳話」

一九七五年二月，馮雪峰經醫院檢查，發現患了肺癌。三月，動了左上肺全部切除手術。四月下旬，出院回家休養。十月初，病情惡化，癌細胞已擴散。十月中旬，出獄不久的周揚主動到馮家去看望馮雪峰。這次看望之後，就從馮雪峰嘴裡傳出了一段「佳話」。

許覺民在紀念文中有比較詳細的記述：

有一次我去，他告訴我，周揚已從秦城監獄放出來了，上星期來看過他。我聽了很奇怪，他們二人自三十年代以來因不和而一直未有交往，怎麼這時候倒交往起來了。雪峰說，周揚關了八年，這次說了許多話，一是說「文革」中難以忍受的遭遇，他作為一個籌碼在「文革」初期就被拋了出來。獄中生活的幾年，他翻來覆去地思前想後，覺得自己做錯了不少事，幾次運動中傷害了不少人，深感到「左」的危害。至於對雪峰，也覺得自己有不少不是之處，向他作了自我批評。雪峰告訴我的，自然不止這些，因為他發音很低，我沒有完全聽清，但大意是弄清楚的。他認為周揚來看他是誠意的，他的自我解剖也是真誠的。雪峰是位久經風霜的人，不會輕易相信別人的言行，而這一回周揚在這個時候來看他，在「四人幫」還盤踞高位的時候冒著風險來看他，而且坦率地陳說了已往之不是，確是經過了這場「文革」給予了他猛然而得的憬悟，得以清算既往的一個思想契機，對「左」的危害深惡痛絕。雪峰認為這些都是出自肺腑之言，他認為是完全可信的。

我聽了也感到心頭的欣喜，他們之間四十年的隔閡，平時從不交談，卻各自在患難的時刻觸動了悔悟的心靈，在苦難的磨練中驀然回首，覺昨非而今是，是那種可怕的形勢迫使他們走近了。人際之間的隔閡往往是這樣，一件事說得唇乾舌焦也無濟於事，一旦為巨大的現實所撞擊，翻然而悟，不消說什麼，便足以冰釋前愆了。可惜的是，雪峰逾一年後便因病而逝，否則，我相信他們二人會成為至交的。[67]

[67]《閱讀馮雪峰》，《馮雪峰紀念集》，第三三三—三三四頁。

一九七六年一月，馮雪峰終因醫治乏術不幸去世。家人在整理遺物時，發現一篇寓言，從內容看，應該是周揚看望他之後在激動的心情下寫的。全文如下：

> 有一隻錦雞到另一隻錦雞那兒作客。當他們分別的時候，兩隻錦雞都從自己身上拔下一根最美麗的羽毛贈給對方，以作紀念。這情景當時給一群麻雀看見了，他們加以譏笑說：「這不是完完全全的相互標榜麼？」
>
> 「不，麻雀們，」我不禁要說，「你們全錯了。他們無論怎樣總是錦雞，總是漂亮的鳥類，他們的羽毛確實是絢爛的，而你們是什麼呢？灰溜溜的麻雀！」[68]

周揚的探病，以及馮雪峰留下的這篇寓言，聽到的人無不感動，一時傳為佳話。

一九七九年四月十八日，馮雪峰逝世三年多之際，樓適夷寫信給周揚，告訴他馮雪峰的平反問題已經得到中央批示，現在正準備重新舉行追悼會，希望周揚能寫紀念文章。同時告訴周揚在遺物中發現寓言的事，並把寓言抄給了

68《人民日報》一九七九年十一月十七日

周揚。

周揚在五月一日給樓適夷寫了回信。談到了他探病的情況：

病中得來信，甚為快慰。承示馮雪峰同志的最後遺作，讀之無限感慨。我和他是多年的老戰友，相互間，又曾有過爭論，但不論怎樣，我對他還是抱著一種尊敬的感情。

一九七五年，我剛獲「自由」，馮乃超同志就告訴我，雪峰已患癌症，將不久於人世了，垂垂以不能回到黨內來為終身恨事。我聽說他在「文化大革命」中也受到衝擊，對三〇年代「兩個口號」的論戰中他所犯的錯誤也所檢討，他沒有乘「四人幫」惡毒誹謗我的時機，對我落井下石，把一切錯誤和責任都推到我身上，雖然，他在當時的情況下，也說了一些所謂「揭發」我的話，其中也有傳聞不實之詞，但並不是存心誣陷我。我覺得他還是比較公道的。

一九七五年秋，鄧小平同志剛剛恢復職務，正協助重病在身的周總理主持中央工作，我便寫了一封信託王震同志便交小平同志審閱後轉呈毛主席。我在信中報告了馮雪峰同志不治的病情，我說他過去在思想政治上犯過錯誤，黨批判他是應該的；但是他也曾為黨做過有益的工作，在我黨同志中他是最早對魯迅採取比較正確的態度的一人；他在一九五七年受到批判後仍積極工作，渴望將來有一天能重新回到黨內來。我在信中向毛主席轉達了他的這種願望，並表示了我個人對他的同情。那時黨中央還沒有平反右派的決定，而且正當「四人幫」兇焰正高的時候，我自己的問題又還沒有解決，竟替一個曾一度劃為右派的老同志說項求情，未免太不自量，不但難以生效，反可招來橫禍。後來。胡喬木同志告訴我，由於當時形勢的險惡，這封信並沒有能夠交到毛主席手中。我寫這封信曾得到小川同志的鼓勵，信就是由他親自送交王震同志的。（下略）

馮雪峰同志病中，我去看望了他。我預料他在人世間的日子只能以日計算了，我將和他永別。我對他說，我們相交數十年，彼此都有過過失，相互的批評中也都有說得不對或過分的地方，我們要從過去經驗中吸取教訓，互相砥礪。我一時抑制不住我的情感，他也被我的情感所激動。

雪峰同志的那篇寓言，大概就是在那種感情激動的狀態下寫的，現在竟成了他的絕筆之作。他是詩人，而詩人總是喜歡自負與誇張的，以情感動人，而不以理智取勝。您也是詩人，和雪峰又是深交，對他的詩人氣質，當比我更能瞭解。

我本月上旬將去日本訪問，馮雪峰同志的追悼會，我不能親自參加了，我將謹獻花圈表示我的深沉哀悼，並請您代向他的家屬致以親切的慰問。現在雪峰同志的遺願已經實現，他自當含笑九泉，他的全家和生前親友亦當為之高興。我們一定要繼承死者未竟的事業，為實現四個現代化，為國家的富強和人民的幸福，為社會主義的最後勝利而繼續奮鬥。[69]

[69]《周揚同志致友人的一封信》，《新文學史料》一九八〇年第四期。

周揚這裡主要談了三件事：一、對於馮雪峰一九六六年寫的「揭發」材料的一些看法；二、為馮雪峰的黨籍問題上書毛澤東；三、探病的情況和讀了寓言後的感想。

先談與探病無直接關係的第一件事：對於馮雪峰一九六六年寫的「揭發」材料的一些看法。

樓適夷當時在回信中就給以毫不含糊的批駁。兩年後，一九八一年五月，樓適夷在一次作家座談會上公開了他的回信內容：

我的意見有兩點。一點，他說馮雪峰是個好同志，在「四人幫」惡毒誣衊他的時候，沒有趁機下井投石，事實正是如此。但是周揚同志作了一個「但書」，說馮雪峰也作了一些傳聞不實之詞的所謂對他的揭發。我認為雪峰材料所說的都是事實，也不是對周揚同志作什麼「揭發」。第二點我不同意周揚同志說，關於兩個口號的問題，馮雪峰同志已經做了檢討，其中的意思就是說民族革命戰爭的大眾文學已經有過檢討。但是，雪峰做的檢討只是說：這個口號是在沒有請示中央的情況下做出的。馮雪峰既然對這件事做了檢討，那麼你國防文學也一樣，是在與中央根本脫離聯繫時提出來的，你請示過中央沒有？所以我不同意這封信。[70]

這裡提到的「揭發」材料，指「文革」初期馮雪峰應各方要求寫的有關周揚情況的材料。一九六六年初，江青組織幾個部隊文藝工作者，炮製出一個

70 《在一次作家座談會上的發言》《新文學史料》二〇〇七年第三期

《林彪同志委託江青同志召集的部隊文藝工作座談會紀要》。經過毛澤東先後三次審閱、批改，四月十日以中發（六六）二一一號中央紅頭文件下達全黨。《紀要》把三十年代兩個口號的論爭歸結為無產階級和資產階級兩條路線鬥爭的性質的。指出「國防文學」的口號是資產階級的口號，而「民族革命戰爭的大眾文學」的口號是無產階級的口號，而且是魯迅提出的。

七月一日出版的《紅旗》第九期，發表了《周揚顛倒歷史的一支暗箭——評〈魯迅全集〉第六卷的一條注釋》的署名文章，不但點出周揚的名字，而且把問題同一九五七年的批判馮雪峰聯繫起來，有關部分如下：

> 一九五七年七月到九月，在中國作家協會黨組擴大會議上，「三十年代」文藝黑線的主帥周揚，借反對右派分子馮雪峰的機會，顛倒文藝戰線上兩條路線鬥爭的歷史，放出了一批毒草。周揚等人放肆地攻擊魯迅提出的「民族革命戰爭的大眾文學」這一無產階級口號，攻擊魯迅的《答托洛斯基派的信》、《論現在我們的文學運動》、《答徐懋庸並關於抗日統一戰線問題》等重要文章。但他們作賊心虛，不敢直接把矛頭

指向魯迅，就造謠說，「民族革命戰爭的大眾文學」這個口號是「馮雪峰、胡風共謀」提出的；這幾篇文章是馮雪峰寫的，「是在魯迅病重甚至連話都說不出來的情況下通過發出的」。乍看起來，似乎矛頭指向右派分子馮雪峰、反革命分子胡風，實際上是惡毒地攻擊魯迅，大反魯迅所代表的無產階級革命文藝路線，拋出了周揚所代表的資產階級的「三十年代」文藝黑線。

值得注意的是，周揚們在玩弄這一手顛倒歷史的把戲的時候，為了掩人耳目，用了偷天換日的手法。他們一面攻擊魯迅的《答徐懋庸並關於抗日統一戰線問題》是「宗派主義」，一面裝出偽善的面孔，說這篇文章是馮雪峰執筆擬稿的，魯迅當時在病中，不可能調查對證云云。

這是胡說！這是對魯迅的誣衊！難道魯迅真是病得這樣糊塗了嗎？別人把「宗派主義」的觀點強加於他也無能為力了嗎？周揚們對群眾的識別力也估計得太低了！只要讀過魯迅的文章和書信，就可以看到，魯迅當時雖在病中，但他反對階級投降主義和民族投降主義的戰鬥，是毫不放鬆的。魯迅是從一個共產主義者的立場來認識和實行黨的抗日民族統一戰線政策的，因此，能夠以銳利的眼光來識破某些高喊統一戰線口號而實際上實行階級投降主義的機會主義者，並且對他們進行了深刻的揭露和尖銳的批判。《答徐懋庸並關於抗日統一戰線問題》一文，和魯迅這個時期的其他文章一樣，完全是魯迅的思想。魯迅在一九三六年八月五日的日記中，也明明寫著：「夜治答徐懋庸文訖。」把魯迅的這樣一篇重要文章硬說成是馮雪峰寫的，這純粹是造謠。這是為了打倒魯迅而採用的一種極其惡毒、極其陰險的手法。[71]

《部隊文藝工作座談會紀要》和《紅旗》雜誌文章的發表，馮雪峰頓時成為忙人，不少單位都向馮雪峰索要有關周揚的材料。馮雪峰於一九六六年八月十日寫了一份材料，並於一九七二年修訂。這就是後來流傳於世的《有關一九三六年周揚等人的行動以及魯迅提出「民族革命戰爭的大眾文學」口號的經過》。後來發表於一九七九年二月出版的《新文學史料》第二期。材料寫的全是事實，沒有借機向周揚等人報復的不實之詞。周揚卻在給樓適夷的信中說有不實之處，樓適夷自然不能不澄清事實。

[71] 阮銘、阮若瑛《周揚顛倒歷史的一支暗箭》。

樓適夷的這個批駁，實際上也部分地觸及周揚在馮雪峰面前的檢討是否完全真誠的問題。

周揚談到的第二件事，為馮雪峰的黨籍上書毛澤東。據知情者透露，那是周揚在看望了馮雪峰之後進行的。一九七五年末，雖然鄧小平已經恢復工作，但「四人幫」氣焰正兇，周揚在本人的問題遠未解決的情況下，竟然為馮雪峰恢復黨籍的問題親自上書毛澤東，真可謂義薄雲天的壯舉了。然而，對這件事究竟應該如何理解，還不能簡單從事。讓我們考察了第三件事再說。

周揚談到的第三件事，只要仔細推敲措辭用語，便可發現，周揚在馮雪峰面前是怎樣「檢討」自己的了。原文是這樣寫的：「我對他說，我們相交數十年，彼此都有過過失，相互的批評中也都有說得不對或過分的地方，我們要從過去經驗中吸取教訓，互相砥礪。」這是說，有過失的不僅是他周揚一方，馮雪峰同樣有過失。而所謂過失，也不過僅僅是「相互的批評中也都有說得不對或過分的地方」而已。周揚一九五七年依仗手中的絕對權力，把馮雪峰打成右派，可謂無所不用其極，怎麼會只是「批評中」「有說得不對或過分的地方」呢？把自己瘋狂打擊馮雪峰的罪行說成是什麼「批評中」「有說得不對或過分的地方」，從這樣的「檢討」裡，人們是看不到周揚的真心誠意的。

如果我們進一步看看事實，更可以窺見周揚的檢討有多大誠意了。一九八三年，牛漢在一次會上揭露了這樣一件事實：

大約是一九五九年下半年，我已從拘禁地回到人民文學出版社一年多了。（中略）有一次，我問他：「聽說你自殺過，有這回事嗎？」雪峰坦率地承認：「有過自殺的念頭。」我問他：「為了什麼事？」他沉默了好一陣子，對我說：「反右後期，有一天，荃麟來找我，向我透露了中央對我的關懷。我很感激，激動地流出了眼淚。我不願離開黨。荃麟對我說，『中央希望你跟中央保持一致。』向我提了一個忠告：『你要想留在黨內，必須有所表現，具體說，《答徐懋庸並關於抗日統一戰線問題》所引起的問題，你應當出來澄清，承認自己的責任，承認自己當時有宗派情緒，是在魯迅重病和不瞭解情況之下，你為魯迅起草了答徐懋庸的信。』我對荃麟說：『這個問題有人早已向我質問過，我都嚴詞拒絕，我決不能背離歷史事實。』之後我痛苦地考慮了好幾天才答覆。我意識到這中間的複雜性，荃麟是我多年的朋友，過去多次幫助我渡過難關，這次又在危難中指出了一條活路。上面選定荃麟來規勸我是很用了番心機的，他們曉得我與荃麟之間的交情，換了別人行不通。他們摸透了我的執拗脾氣。當時我的右派性質已確定無疑，黨籍肯定開除。面對這個天大的難題，我真正地作難了。我深知黨內鬥爭的複雜性，但也相信歷史是公正的，事情的真相遲早會弄明白的。但是這個曲折而嚴酷的過程可能是很漫長的，對我來說是難以忍受的屈辱。我對荃麟誠懇地談了我內心的痛苦。荃麟說，先留在黨內再慢慢地解決，被開除了就更難辦。但我知道荃麟傳達的是周揚等人的話，實際上是對我威脅。荃麟不過是個傳話的人，他作不了主。我清楚，荃麟說的中央或上邊，毫無疑問是周揚。在萬般無奈之下，最後我同意照辦。這是一件令我一生悔恨的違心的事。我有好多天整夜睡不著，胃痛得很厲害，我按他們的指點，起草了《答徐懋庸並關於抗日統一戰線問題》的有關注釋。我以為黨籍可以保留了。但是，我上當了。我最終被活活地欺騙和愚弄了。為了自己的人格和尊嚴，最後只有一死，以證明自己的清白。

我幾次下決心到頤和園投水自殺。但我真的下不了這個狠心。我的幾個孩子還小，需要我照料。妻子沒有獨自為生的條件，再痛苦也得活下去，等到那天的到來：歷史最後為我澄清一切。」雪峰眼睛裡噙滿了淚水。我也哭了。我的黨籍早兩年已宣佈被開除，當時我的心情與雪峰完全一樣。

以上雪峰的自述，以及當時談話的情景，我永遠不會淡忘。[72]

[72]《為馮雪峰辯誣》，轉引自鄧九平編《談友誼》，大衆文藝出版社二〇〇六年版，第七四三——七四四頁。

馮雪峰向牛漢揭露的事實，是駭人聽聞的。周揚為了把自己打扮成兩個口號論爭中的唯一正確的人物，竟然在魯迅《答徐懋庸並關於抗日統一戰線》一文的注釋上做文章，把魯迅所以寫出這樣一篇文章歸結為是受了馮雪峰蒙蔽的結果。這個注釋，完全可以他自己動筆寫，或讓他的得意下屬林默涵等人去寫；他卻硬要馮雪峰去寫，這是有很深的用意的。注釋如果讓他或他的下屬寫，則別人會說這是利用手中權力為自己塗脂抹粉。讓馮雪峰寫，就可以名正言順地表示，這是當初替魯迅草擬初稿的馮雪峰良心發現之後的出自肺腑之言，具有極大的說服力。而且，讓當年整他的馮雪峰屈服於他的意志，讓他體嚐一下自作自受的滋味，也是一種快意的報復。但是，他又怕倔傲的馮雪峰不肯屈服，於是又想出一個絕招：用保留黨籍的謊言欺騙馮雪峰就範。等到《答徐懋庸》的注釋騙到手，又自食其言把馮雪峰開除出黨。這種兇狠毒辣奸偽欺詐的手段，實在是做得太絕了。馮雪峰，要違心地按照周揚的旨意寫注釋，把自己乃至魯迅給以顛倒歷史的醜化，這是如魯迅在《墓碣文》中所說的「創痛酷烈」的「抉心自食」。但是，為了能夠保留黨籍，他不惜「抉心自食」了。他以為黨籍可以保留了。但是，他上當了，他最終被活活地欺騙和愚弄了。為了自己的人格和尊嚴，他幾次下決心到頤和園投水自殺以證明自己的清白。只是考慮到弱妻幼兒的生活，他含垢忍辱地苟活下來。這是怎樣慘痛的煎熬！如果周揚確是真心誠意地向馮雪峰檢討，那就沒有理由回避這個問題。只有在馮雪峰面前檢討了這個錯誤，才可以證明他的檢討是真誠的。否則，那只能證明他的檢討是很不夠真誠的。那麼，周揚的檢討有沒有涉及這個問題呢？

可以肯定地說，沒有。

請看證據。

一九七七年十月下旬，也就是周揚探病的兩年之後，北京魯迅研究室的陳漱渝訪問周揚時，問到對一九五八年版《魯迅全集》有關《答徐懋庸》的一條注釋問題時，周揚如是說：

寫這條注釋我事前並不知道，但寫成以後給我看了。當時覺得魯迅注釋工作一貫是雪峰主持的，而《答徐懋庸……》這篇文章又是雪峰代筆的，他為了交待自己的問題寫了這條注釋。《答徐懋庸……》信雖然是雪峰執筆的，但代表的是魯迅的觀點，信裡還有魯迅親筆加上的許多話。魯迅署名的，就是魯迅的嘛。這個注釋雖是雪峰檢討自己，實際上卻是批評魯迅。我同意發表這條注釋是不對的。[73]

這是說，《答徐懋庸》那條注釋的撰寫，他周揚事先壓根不知道。那條注釋是馮雪峰個人自願寫的；是馮雪峰在沒有任何人對他施加過任何壓力的情況下，「為了交代自己的問題」，而寫了這條注釋的。是馮雪峰為了「檢討自己」，而不惜在注釋中搞出了「實際上是批評魯迅」的惡果。——周揚的撒謊未免過於拙劣了。

73 《周揚談三十年代文藝問題》，《百年潮》一九九八年第二期。

馮雪峰挨批之後，已經靠邊站，等待最後處理，根本無權參與《魯迅全集》的注釋工作，居然「為了交代自己的問題」，而能夠主動去寫這條注釋，豈非天外奇談。據牛漢後來透露出來的內情，邵荃麟在同馮雪峰的談話中，說得夠清楚的了：「中央希望你跟中央保持一致。」「你要想留在黨內，必須有所表現，具體說，《答徐懋庸並關於抗日統一戰線問題》所引起的問題，你應當出來澄清，承認自己的責任，承認自己當時有宗派情緒，是在魯迅重病和不瞭解情況之下，你為魯迅起草了答徐懋庸的信。」——這裡提到的「中央」，難道還會是周揚之外別的什麼人嗎？除了周揚，「中央」還有哪一個會對《答徐懋庸》的注釋如此關心的？邵荃麟在「文革」期間的一份材料中說得無比明白，周揚向他交代：「魯迅答徐懋庸信的注釋問題，……所說的哪些事實不符合真象，就應由馮雪峰自己來更正。」[74]憑邵荃麟的這個交代，就足以揭穿周揚所說「寫這條注釋的事我事前並不知道」是怎樣徹頭徹尾的謊言！

周揚聲稱，這個注釋「實際上是批評魯迅」，確是這樣。第三段中「由於當時環境關係，魯迅在定稿時不可能對那些事實進行調查和對證」一語，就是在「批評魯迅」糊塗。然而，這句話乃至第三段整段文章，都不是馮雪峰寫

[74] 轉引自陳早春、萬家驥《馮雪峰評傳》，人民文學出版社二〇〇三年版，第五三〇頁。

的。馮雪峰原來寫的第三段文章在送審時全部被推倒，另由林默涵執筆寫的。這在一九六六年《紅旗》文章所附的修改稿複印件，可以明顯看出。當年《紅旗》雜誌把修改稿複印出來，公之於眾，是為了搞臭周揚等人，自然是不可取的；但是，不能因此認為那個複印材料是偽造的。林默涵的改寫是不爭的事實。任何思維力正常的人都會知道，在一九五八年的情況下，改寫這條事關重大的注釋，決不是區區林默涵這樣一個幹部可以說了算的。沒有周揚的決定性的指點，林默涵居然會作出那樣的改寫，這是誰也不會相信的奇聞。十分明顯，所謂「實際上是批評魯迅」的，根本不是馮雪峰，而是周揚等人。

「寫這條注釋的事我事前並不知道」：一九七七年的這句話，足夠說明他在一九七六年馮雪峰病重期間看望馮雪峰時所做的檢討究竟有多少誠意了。

不能說周揚主動看望病重的馮雪峰，沒有絲毫誠意，馮雪峰終究是他一九三二年入黨的介紹人。但是他的誠意是有很大限度的。在一定的限度裡，他可以檢討，甚至痛哭流涕；但是，超出這個限度他就沒有勇氣面對自己的靈魂了。周揚這樣做，其動機決不是如他所說，出於對馮雪峰的「關心」。露菲建國後曾擔任周揚秘書的，一九九二年寫的一篇回憶文，提供了周揚此舉的真

著再被踏上千萬隻腳的風險來說真話，實在是對我一種極大的教育。我被馮雪峰同志的這種高尚行為深深打動了。

周揚同志出獄後，我把這事告訴了他。周揚聽罷，眼睛裡溢出了淚水。

不久周揚同志去看望了馮雪峰同志，兩位老朋友見了面都很激動。[75]

這段記述是可信的。這表明了，周揚是在感情的激動之下去看望馮雪峰的，並不是經過理智的過濾對自己的錯誤進行深刻的觸及靈魂的反思才去看望馮雪峰的。在這樣的心態下，理所當然地不可能對馮雪峰做出真正的檢討了。

懂得了這個，他為馮雪峰的黨籍問題向毛澤東上書的動機，也不難明白了，主要是為自己樹立形象。對於樓夷提供的馮雪峰的「絕筆之作」，雖然很謙虛地說「詩人總是喜歡自負和誇張的」；但得意之態溢於言表，這是誰也看得出的。馮雪峰親筆寫的兩個錦雞的寓言，為周揚樹立的形象是比周揚本人的千言萬語更有力量的。可惜的是，一九七七年的一句「寫這條注釋的事我事前並不知道」，把他的脈脈溫情的面紗撕了個粉碎。

75 《文壇風雨路——回憶周揚同志片斷》，《新文學史料》一九九三年第二期。

事實證明，馮雪峰在臨終之時寫兩個錦雞的寓言，再一次上了周揚的當。周揚拿一個不久於人世的病人的感情開玩笑，未免太殘酷，太卑鄙了。

現在的問題是，周揚在馮雪峰面前並沒有進行真正觸動靈魂的檢討，為什麼馮雪峰竟會如此輕易地上當，認為周揚的檢討是真誠的呢？而且像誘騙馮雪峰寫《答徐懋庸》注釋而最後還是把他開除出黨這樣給馮雪峰身心以難以想像的痛苦的事實，周揚在檢討時也避而不談，為什麼馮雪峰竟會如此寬容大度不予計較呢？

只能有一個解釋：馮雪峰太善良了。對馮雪峰來說，周揚居然能夠主動地來看望他，這是完全出於他的意料的；在看見周揚來到的第一眼，他就在激動裡把宿怨、把當年因受詐騙幾次想自殺的大痛苦大悲憤，完全丟到一邊去了。周揚接下來還有悔過的檢討，自然更加使他深深地陷入不能自已的激動裡了。兩隻錦雞的寓言正是在這種心態下寫出的。

丁玲在一九八三年首屆雪峰研究學術討論會上的發言中說：「他是一個受得起委屈的人，勇於承認錯誤。如果人家對他表示一點點自我批評或檢討，他就會被感動，不會去計較人家的檢討是真是假。」[76]這番話，顯然是針對《兩個錦雞》說的。當時能夠看出周揚的檢討的虛假的，為數不多。

所謂「佳話」，其實是一段「神話」。

[76]《悼雪峰》，《馮雪峰紀念集》，第二二六頁。

周揚如此率先垂範「批判」「四人幫」

一九七七年，粉碎「四人幫」的第二年，周揚在他的「聯繫檢查自己，批判『四人幫』對文化大革命的破壞」的文章《放下包袱　輕裝上陣》中，談到「『四人幫』是怎樣歪曲三十年代的『兩個口號』之爭」時，有段奇文，居然把胡風和張春橋扯到一起，謚之曰「一丘之貉」。很有欣賞的價值。看看奇文一個小段就可以了：

「兩個口號」之爭這場文學上的路線鬥爭，基本上屬於人民內部的是非問題，但其中也摻雜了嚴重的敵我矛盾因素。那個早在一九二七年就背叛革命，投靠了蔣介石，後來又混入左翼文化隊伍的胡風，就利用這場爭論，進行挑撥離間，起了極大的破壞作用。在「四人幫」的控制下，人們在評論「兩個口號」問題的時候，也幾乎絕口不提胡風。原因又何在呢？因為提了胡風就有冒犯張春橋的危險。原來，張春橋和胡風是一丘之貉。

他也是一個暗藏的反革命分子，他也利用這場爭論從革命內部來進行破壞的。所不同的只是，他們各站在一邊。胡風冒充「民族革命戰爭的大眾文學」這一口號的倡議者，把自己打扮成擁護魯迅必恭必敬的樣子；張春橋則附和「國防文學」，公然置自己於魯迅的對立面。[77]

人所共知，張春橋是「國防文學」的忠實信徒，胡風則是「民族革命戰爭的大眾文學」的提倡者之一。張春橋是魯迅痛斥的丑類，胡風則是魯迅絕對信任的親密戰友。在周揚筆下，居然成了「一丘之貉」，太不可思議了。

周揚的奇文一開頭就把一九五五年《關於胡風反革命集團的第三批材料》扣到胡風頭上的什麼「早在一九二七年就背叛革命，投靠了蔣介石」之類的讕言，重又檢來臭了胡風一番。不把胡風定死在「反革命」的位子上，「一丘之貉」的文章實在無法做下去的。

周揚擺出的所謂證據是：「在『四人幫』的控制下，人們在評論『兩個口號』問題的時候，也幾乎絕口不提胡風。原因又何在呢？因為提了胡風就有冒犯張春橋的危險」。

[77]《周揚新時期文稿》，山西人民出版社二〇〇四年版，第十七頁。

「在『四人幫』的控制下，人們在評論『兩個口號』問題的時候，也幾乎絕口不提胡風」，確是事實。所以不提，並非害怕冒犯張春橋，而是接受了周揚等人一九五七年反右時的教訓。在評論「兩個口號」的時候，提到胡風，必然牽連到魯迅；而批判胡風，又必然成為明批胡實批魯迅，暴露出自己仇視魯迅的內心秘密。魯迅在《答徐懋庸》中聲稱，提出「民族革命戰爭的大眾文學」口號的文章是「我請胡風做的」，憑這句話，就使所有的批胡者感到無計可施。「四人幫」接受了這個教訓，所以只好以少提為妙。周揚把原因歸結為「因為提了胡風就有冒犯張春橋的危險」，意思是，胡風有張春橋做保護傘，所以別人不敢提。這是天外奇談。無情的事實是，一九六九年胡風十四年徒刑期滿，卻又以「寫反動詩詞」的罪名在四川被加判無期徒刑。如果真如周揚所說，「提了胡風就有冒犯張春橋的危險」，則加判無期徒刑不是更有「冒犯張春橋的危險」嗎？為什麼加判重刑張春橋反倒不出來發話呢？周揚的所謂證據，只能以徹底破產告終了。必須指出，當周揚揚揚得意地誣衊胡風和張春橋是「一丘之貉」時，「四人幫」扣在胡風頭上的無期徒刑的判決，還未撤銷，胡風還在監獄裡服刑。

不爭的事實是，胡風，不但與張春橋毫無聯繫，而且是張春橋忌恨的對象。一九三六年初，張春橋化名狄克發表《我們要執行自我批評》一文，對蕭軍的《八月的鄉村》進行了極其離譜的攻擊，矛頭不僅指向蕭軍，更是指向魯迅。魯迅當即寫出《三月的租界》予以痛斥。文稿是交給胡風處理的，胡風送給《夜鶯》編輯方之中，發表在刊物第三期上。這個情況，張春橋不會不知道。就憑這一條，張春橋就把胡風恨之入骨了。

至於周揚，如果要考察解放後他和張春橋的關係，那卻是真憑實據俱在的。一九五六年十月十四日，魯迅靈柩由萬國公墓遷到虹口公園新墓地。據上海《解放日報》報導，在萬國公墓將靈柩扶上靈車的十人中，就有張春橋其人。周揚當時是由毛澤東指定負責主持整個遷墓工作的大員，張春橋入選顯然是經過研究最後由周揚確定的。周揚可以不知道曾寫文章攻擊《八月的鄉村》而遭魯迅痛斥的狄克就是張春橋，但是給以如此殊榮卻是很難理解的。張春橋當時是中共中央上海局書記柯慶施的政治秘書，即使要照顧上海方面的要員，也絕對輪不到張春橋。沒有當年「國防文學」的「同志」情誼，是不會垂青於他的。

周揚還煞有介事地聲稱，「胡風冒充『民族革命戰爭的大眾文學』這一口號的倡議者，把自己打扮成擁護魯迅必恭必敬的樣子」。這實際上是說，魯迅當時沒有覺察出胡風是反革命，是失察。這實際上也是說，當年他和田漢向魯迅報告胡風是「內奸」，是完全有根據的。魯迅認為他們「證據薄弱之極」，不予置信，反而在《答徐懋庸》中把他們臭了一通，是完全錯誤的。——這就輕而易舉地把魯迅在《答徐懋庸》中對「四條漢子」的揭發批判徹底否掉了。這比一九五七年夏衍批判馮雪峰的「爆炸性」發言更惡毒。已經融入骨髓的「仇魯情結」，再一次失去控制地惡性爆發了。

在那個全黨全民正以神聖的憤怒揭批罪惡滔天的「四人幫」的時候，周揚不把仇恨集中在「四人幫」的身上，非要把胡風同張春橋捆在一起打不可，而且把毒箭指向魯迅。如此魯莽滅裂、荒謬絕倫的舉措，只能起到轉移批判「四人幫」鬥爭大方向的極壞作用。只有「四人幫」和他們的爪牙才會拍手稱快。

經過十年動亂極左災難的空前折磨，不少整人者都對自己過去的整人錯誤有所反思。周揚這個文藝界的整人狂，竟然依舊故我，毫無悔悟之心。江山易改，本性難移。太可悲了。

周揚的這個轉移鬥爭大方向的惡劣做法，起了極壞的率先垂範的作用。當年就出現了一批緊跟者，同周揚的論調緊相呼應，蔚為大觀。不妨看看緊跟者是怎樣同周揚相呼應的。

一九七七年四月二十日，《人民日報》以頭版頭條的巨大篇幅發表奇文一篇：《「四人幫」與胡風集團同異論》。作者為「上海人民出版社批判組」。此文是拿「胡風集團」與「四人幫」對比的，比周揚單獨拿胡風同張春橋對比，水平有所提高。文章如是說：

> 當年毛主席寫的《〈關於胡風反革命集團的材料〉的序言和按語》，今天仍然像一把鋒利的刀子刺著「四人幫」的心臟。因為他們都是反革命黑幫，必有「同」在；因為它們所處的時期、條件和地位不同，又有「異」存。拿起這把刀子，解剖這兩個反革命黑幫，辨其同異，明其淵源，這對於深入地揭發批判「四人幫」，是很有益處的。

比的結果是：

「四人幫」與胡風集團，結幫之宗旨同，基本隊伍之組成同，『抓大旗』反黨反無產階級專政之策略同，用以想事之方法同。一言以蔽之曰，他們的反革命的本性相同。

把一個革命作家群體誣之為「反革命集團」，以之與一個貨真價實的反黨反人民的「四人幫」比其相同之處，除了轉移鬥爭大方向、包庇了罪大惡極的「四人幫」，還會有什麼別的結果嗎？這樣的「批判」，只有「四人幫」和他們的爪牙才會歡迎。

此文發表二十一天後，五月十一日，《人民日報》又發表一篇奇文：《衣缽相同，同出一源》。作者為「上海師範大學批判組」的筆桿子。「上海人民出版社批判組」的奇文已經夠稀奇，這篇文章後來居上，比前者還要稀奇。「上海人民出版社批判組」的奇文還只把「四人幫」與胡風集團對比，並沒有說「四人幫」與胡風集團有什麼組織聯繫；這篇奇文卻匪夷所思地聲稱，「四人幫」中的姚文元和他的父親姚蓬子與胡風有組織聯繫，是「胡風反革命集團的兩名忠實夥計」。

奇文如是揭發：

姚家父子是胡風反革命集團的兩名忠實夥計。姚蓬子同胡風的勾結是很有一段歷史的。早在重慶時，他們就已相識，抗戰勝利回到上海後，更是打得火熱。胡風的許多黑文黑書，就是由姚蓬子的「作家書屋」出版發行的。解放以後，胡風經常躲在姚家，同姚蓬子一起瘋狂發洩對黨對社會主義的仇恨。（略）姚文元同胡風也早有來往。還在他上中學的時候，就經常受姚蓬子之命，來往傳遞稿子、信件，贈送土產，充當胡風同姚蓬子之間的聯絡員。解放以後，姚文元多次在家裡聽到胡風和胡風分子攻擊謾罵黨的領導，但從來不揭發，不報告。（下略）

對於這一切，姚文元守口如瓶，從來沒有向黨組織作過半點揭發交代。

這是只能騙騙不了解情況的天真的讀者的。

事實是，早在一九五五年「胡風反革命集團」案發生後不久，當局已經查清姚蓬子和姚文元究竟是不是「胡風反革命集團的兩名忠實夥計」了。當時，公安部特意派人把姚蓬子從上海押到北京，對姚進行隔離審查。經過了一段時間緊張的內查外調，始終沒能查出姚蓬子和胡風有什麼不可告人的政治聯繫，最後把姚蓬子放回上海，並讓他繼續在上海師範學院教書。如果姚蓬子和姚文元真是胡風集團的忠實夥計，公安部能給以這樣的處理嗎？這一情況，一般人可能不知道，和姚蓬子一個單位的「上海師範學院」即一九七七年的「上海師範大學」的「批判組」的筆桿子，會不知道嗎？他們明明知道，卻在批判「四人幫」的時候寫出這樣的文章來，他們的意圖不是十分可疑嗎！

這篇奇文在作出如上揭發之前，特別指出姚蓬子的身份是叛徒、特務。姚蓬子在一九三三年被敵人逮捕後經不起考驗，次年五月十四日在《中央日報》發表《脫離共產黨宣言》，確是叛徒。姚蓬子出獄後，即參加「中統」，任「訓練股幹事」，還先後擔任國民黨中央文化運動委員會委員，國民黨中央圖書雜誌審查委員會委員，還為國民黨特務曾養甫的《扶輪日報》編輯副刊。確是特務。但，這些都是在文革前的歷次運動中就審查清楚的歷史政治問題。文章的妙處在於不加任何說明地告訴讀者姚蓬子是「特務」。特務，在解放後一般人的心目中，是國民黨反動派潛伏在大陸專門從事破壞活動的極其兇惡的現行反革命匪徒。而根據公佈的關於胡風反革命集團第二批材料的按語和注釋，胡風一夥也是暗藏在大陸準備接應蔣介石反攻大陸的極其兇惡的現行反革命匪幫。「批判組」要做姚家父子是「胡風反革命集團的兩名忠實夥計」的文章，自然要抓住這個線索發揮。從上面引出的那段奇文就可以看出「批判組」的這個意圖。

但，這段聳人聽聞的文章經不起最起碼的檢驗。

所謂「打得火熱」。熟悉文壇情況的人都知道，抗戰期間，馮雪峰從上饒集中營脫險到重慶後，就住在姚蓬子辦的作家書屋內。抗戰勝利後，馮雪峰到上海，還是住在搬到上海的作家書屋裡。胡風去看馮雪峰，自不免出入作家書屋。胡風與之來往甚密的是馮雪峰，而不是姚蓬子。馮雪峰的住到姚蓬子處，並非對姚特有好感，那是黨組織的安排。從抗戰時期姚蓬子參加中華全國文藝界抗敵協會之後的表現看，他並沒有做過出賣進步人士和共產黨員的事。不然，解放後一九五一年全國範圍大張旗鼓鎮壓反革命的運動，他就逃不過去。

抗戰時期，他參加文藝界抗日統一戰線，在中華全國抗敵協會負責出版股的工作；樓適夷為副主任，起監督作用。黨是希望他能夠為抗戰文藝做有益的工作的。馮雪峰住在姚蓬子那裡，由於姚的特殊身份，比較安全，而且也能就近給姚以好的影響。說胡風與姚蓬子「打得火熱」，純屬白日見鬼。至於姚文元還在中學讀書的時候，受姚蓬子的差遣來往送稿子、信件，是有過的，那是胡風和他的友人的一些文稿要在作家書屋出版。作家書屋還在重慶的時候，就出過不少進步作家的書刊，胡風利用這個陣地出一些進步書籍，沒有錯誤。「批判組」的文章企圖告訴人們胡風與特務姚蓬子關係曖昧；如果真是這樣，人們不能不問：為什麼一九五五年《人民日報》發表的關於胡風反革命集團第二批和第三批材料，不把胡風給姚蓬子的黑信發表一些出來讓大家進一步認識胡風的反革命面目呢？為什麼一九五五年「揪出」那麼多「胡風分子」，偏偏就是沒有姚蓬子這麼個「胡風分子」呢？

所謂「聯絡員」。「批判組」明知姚蓬子不是胡風的忠實夥計，自然也知道姚文元念中學時為他們傳遞信件的性質，然而，為了坐實胡風確是特務一流的反革命匪徒，竟加給念中學時的姚文元以特務組織的「聯絡員」的身份。

「批判組」的筆桿子忘了一個極其重要事實：姚文元後來在文革時期進入中央文革小組，成為中央首長，是經毛澤東認可的。難道毛澤東竟糊塗到如此地步，把一個上中學的時候就是特務組織的「聯絡員」的人物提拔到如此重要的崗位上來！「批判組」的筆桿子太忘乎所以了！「批判組」的文章還說：「解放以後，姚文元在家裡聽到胡風和胡風分子攻擊、謾罵黨的領導，但從來不揭發，不報告。」「對於這一切，姚文元守口如瓶，從來沒有向黨組織作過半點揭發交代」。既然姚文元「從來不揭發」，「從來沒有向黨組織作過半點揭發交代」，那麼「批判組」的筆桿子又從何知道「胡風經常躲在姚家，同姚蓬子一起瘋狂發洩對黨對社會主義的仇恨」呢？造謠的伎倆拙劣至此，過於低能了。

這篇奇文發表的次月二日，上海《文匯報》又發表奇文：《姚文元是胡風反革命集團的忠實夥計》。作者是「中共盧灣區委大批判組」的筆桿子。前一篇奇文稱姚家父子是「胡風反革命集團的兩名忠實夥計」，此文只稱姚文元是「胡風反革命集團的忠實夥計」，題目雖然不同，內容卻並無太大的不同，只是又發揮了一通造謠污蔑的手段而已。

上面三篇奇文出籠於一九七七年，到了一九七八年九月，《上海文藝》第九期又不甘寂寞，拋出「本刊評論員」專文《一個反革命的共同綱領》，副標題是《批林彪、「四人幫」合謀拋出的「文藝黑線專政論」》。這次他們沒辦法把胡風也扯進「文藝黑線專政論」的炮製者行列裡去，因為那時胡風已經關在大獄裡，硬說胡風參與炮製，難以騙人。「本刊評論員」另闢蹊徑，聲稱十七年來文藝隊伍的主流是正確的，只是有些干擾和破壞，「屬於敵我矛盾」的「如胡風」。此外便是江青、張春橋、姚文元了。如此這般把胡風連在一起打，「四人幫」及其爪牙看了只會暗暗發笑。

從一九七六年十月粉碎「四人幫」到一九八一年六月十一屆六中全會宣佈「兩個凡是」最高決策人下臺，這四年多的時間裡，黨內事實上存在著尖銳激烈的兩條路線的鬥爭。一條是，以鄧小平為代表的馬克思主義路線；一條是，以「兩個凡是」最高決策人為代表的極左路線。一九七七年四月《毛澤東選集》第五卷的出版，是「兩個凡是」極左路線為鞏固自己的陣地向馬克思主義路線發動的一場倡狂進攻。「上海人民出版社批判組」、「上海師範大學批判組」、「中共盧灣區委大批判組」乃至《上海文學》，這四家「批判組」

的文章，就是響應這場倡狂進攻而寫的。四家「批判組」中，以「上海人民出版社」的跟得最緊。《選集》第五捲發行才五天，他們的文章就見報，不愧為靠批胡起家的批胡老手。以「上海師範大學」的想像力最超群，居然能夠在反胡風鬥爭二十多年之後又替當局挖出兩個當年漏網的「胡風分子」姚家父子，不愧為高等學府出來的「棍子」。「盧灣區委」的筆桿子，雖然智商不如前二家，但造謠污蔑的手段不弱於前二家。《上海文學》的筆桿子，則智商更差一級。這四家「批判組」的筆桿子，以他們那四篇聲名狼藉的奇文表明了，他們是「兩個凡是」極左路線的忠實走卒。四篇奇文，就是向馬克思主義路線猖狂進攻的武器。對於這四篇奇文的性質，我們必須提到路線鬥爭的高度來認識。「兩個凡是」的最高決策人，他的思想體系同「四人幫」是一致的；「凡是派」的筆桿子，他們的思想體系也是同「四人幫」一致的。不能指望「兩個凡是」的最高決策人能把揭批「四人幫」的鬥爭引向真正的深入；也不能指望「凡是派」的筆桿子能寫出任何像樣的揭批「四人幫」的文章。這四篇奇文所以要把人們的注意力拉回到二十多年前的「胡風集團」上去，所以起了嚴重干擾揭批「四人幫」鬥爭的極壞作用，絕非偶然。

綜觀四篇奇文，它們的作者立論的出發點，牽強附會的羅織手段，乃至「一丘之貉」這樣的用語，與周揚何等相通，何等相同！周揚的文章真是起了率先垂範的作用了。

對於粉碎「四人幫」之後出現的把胡風、「胡風集團」同「四人幫」捆在一起打的荒唐現象，胡風一九七八年在獄中寫的最後一篇思想彙報中，作了尖銳的批駁：

一直到二十八年後的今年九月，《上海文藝》的評論員還「一語中的」地再一次證明了一次：解放後十七年間文藝領導是「從三十年代到六十年代始終堅持革命」，本身完全馬列，只不過受到一些「干擾和破壞」；而「這些干擾和破壞有的屬於敵我矛盾，如胡風」。十七年間也有一個敵人，即胡風。十七年間，胡風在五年多以後就「毀滅」了，而在那五年間，只不過寫了一點英雄模範的報告文學，再就是這些詩。前者無論如何要不得，但總該不算是「干擾和破壞」吧。詩，是的，罵了官僚主義，這就是「罵」了「從三十年代到六十年代始終堅持革命」的文藝領導，這就是「干擾和破壞」了文藝領導的權威地位和權威理論。活該激起了「新生力量」姚文元舉起保衛文藝領導的義旗，對那個唯一的敵人，「干擾和破壞」者胡風給以任白戈所說的「毀滅性的打擊」了。上海這個文藝半邊天到底是夏衍和「四人幫」的根據地，幹才濟濟。上海人民出版社批判組、上海師大理論組、上海市委批判組之後，一脈相承，《上海文藝》評論員又橫刀躍馬而出了。他們都看得準，普天之下只有一個敵人胡風，仇恨和勇敢當然集中到這個唯一的目標上面，抓得緊而又緊了。安息了的何其芳，退休了的姚文元，諸位的事業後繼有人，完全可以放心無憾矣。在「繼續戰鬥」的諸位更是萬事大吉大利了。[78]

那他們（葉按：指「四人幫」）是怎樣起家的呢？他是從天上掉下來的，或者從青石板上冒出來的麼？決不是。應該用「歷史唯物主義的方法」解釋問題。姚文元甚至全「四人幫」是繼承了胡風的衣鉢的，不但理論上為胡風大唱過讚美歌，襲用了胡風的老譜，而且他在學生時就因他叛徒父親姚蓬子和胡風結下了親密的關係。姚蓬子是特務，胡風是

78 《從實際出發》，《胡風全集》第六卷第七二九頁。

管姚蓬子的大特務。他父子都是胡風的走卒。這樣，不但三十年代「國防文學」勇士張春橋和當時的文藝領導毫無關係，十七年間的姚文元也和上海夏衍為首的文藝領導，中央周揚為首的文藝領導毫無關係，而是「四人幫」承繼了的胡風的衣鉢或襲用了的胡風的老譜，法術無邊，這才鑽進了中央，竊據了文化文藝大權，結成了禍國殃民的大禍胎的。所以追本溯源，胡風是罪魁禍首。所以，第三戰役中非得是批「四人幫」其名，而再給開國五年後就失蹤了二十多年的胡風和胡風集團以「毀滅性的打擊」其實不可。因為，胡風是十七年間文藝戰線上唯一敵人或敗類。根據呢？證據呢？分析說明呢？這不必問，也沒有誰敢問。這是領導決定即胡喬木院長最近所介紹的「長官意志」。因而，文藝領導的權威也就完全重振而且加強了。這一種新思潮方興未艾。

兩年前粉碎「四人幫」的當時，華主席就號召恢復並發揚黨的優良傳統和作風。

因為是文藝戰線，當然成了恢復和發揚的模範。重振旗鼓了的文藝領導當然是保衛並發展毛主席的《講話》精神的模範。早已給過多次，現在再一次給開國五年多就失蹤了的世界上唯一一個反對《講話》精神的敵人胡風以「毀滅性的打擊」。和林彪的三十字經「大樹特樹」，江青的「我代表毛主席」，「四人幫」的「毛澤東思想學習班」不同，我們是真正的黨性，一切都有毛主席保障和「保證」。[79]

胡風極其深刻極其尖銳地揭露了「凡是派」的筆桿子把胡風和「四人幫」捆起來打的反動實質和不可告人的目的，一舉擊中「凡是派」極左路線的致命要害。胡風還把挑戰的矛頭直指當時還在臺上的「重整旗鼓了的文藝領導」乃至「凡是派」的最高決策人，表現了徹底的唯物主義者決非任何邪惡的威權所能壓倒的大無畏的英雄氣概。胡風，經受了二十三年囚禁的殘酷折磨，他的鬥爭意志依然如此健旺，透視文壇政壇風雲變幻的眼力依然如此敏銳，反諷的文筆依然如此犀利潑辣、嬉笑怒罵皆成妙諦，這是大大地出於「凡是派」的意料的。胡風這番揭露與批駁，給「凡是派」演出的批胡鬧劇作出了最有力的歷史總結。

79《從實際出發》，《胡風全集》，第六卷第七五四——七五五頁。

胡風寫著批駁文章的時候沒有可能看到周揚的妙文。他不知道，早在這幾個極左人物大肆跳踉的前幾天，周揚已經得風氣之先，率先垂範地表演過了。但，胡風批判那些「凡是派」的文章，也是對周揚的沉重回擊。「不但三〇年代『國防文學』勇士張春橋和當時的文藝領導毫無關係，十七年間的姚文元也和上海夏衍為首的文藝領導，中央周揚為首的文藝領導毫無關係」，——胡風投下的光輝，照徹了周揚把胡風與張春橋捆在一起打的不可告人的用心。

「周揚的春天，就是我的冬天」

粉碎「四人幫」後，周揚先被任命為中國社會科學院顧問，一九七九年中央第十一屆四中全會被補為中央委員會正式委員。（文革前的八大上，他只當選為候補委員。）同年五月，擔任四次文代會籌備小組組長。十一月，主持四次文代會，並在會上作主題報告。種種跡象表明，周揚的春天又一次來到了。

文代會上，當周揚在臺上講到被打散的隊伍今日重聚是「文藝的春天來臨」時，台下的蕭軍衝著周揚叫：「周揚同志的春天，就是我的冬天！」一時四座皆驚。蕭軍的悲憤，並非沒有原由。是從四十年代延安時期起直到建國後多少年來受周揚排斥乃至打擊所積累的怨氣的總爆發。

蕭軍對周揚的怨氣，應該起自一九四二年。那年六月，蕭軍夫婦和舒群來到延安，周揚把舒群請到魯藝工作，而置蕭軍於不顧。這是周揚嚴重派性的暴露。一九三六年那場兩個口號的論爭中，舒群是站在周揚一方，而蕭軍是站在魯迅一方的。周揚這次來個報復，給蕭軍一個難看。在延安，蕭軍和周揚有過由周揚引起的幾次交鋒：「搶救運動」中，周揚更想把蕭軍打成「日本特務」，搞得雙方關係十分緊張。這在前面的《周揚為什麼放過這個「日本特務」》一文已經介紹，不重複。這裡專門考察建國後的。

建國後，蕭軍遭受周揚的重大打擊，有這麼幾起。

第一起，發生在一九五二年。

蕭軍在哈爾濱辦《文化報》犯了所謂錯誤之後，一九四九年被安排到撫順礦務局總工會工作。一九五〇年十月，抗美援朝開始，東北幾個大城市疏散人口，蕭軍的夫人王德芬的父親在北京，她和孩子被疏散到北京。蕭軍卻被留在撫順。一九六一年初，蕭軍到北京探親，不準備回東北，向東北局提出調京工作要求，遭拒絕。後幾經努力，東北局終於鬆口，同意他調北京，並給文化部去文，要他們給安排工作。蕭軍去找當時任文化部常務副部長的周揚，不料卻碰了軟釘子。有關情況，蕭軍在一九五二年三月一日給北京市市長彭真的信裡有所反映：

> 我已和周揚同志談過兩次話，第一次他說我在北京寫作不可能，

還是回東北好，這裡沒有合適環境，參加工作還可以，但不能嫌工作「小」。我說「大小全行」。第二次談，他說這裡工作沒有合於你的工作，全「怕」你，連比較理解你的彭真同志全「怕」你，主張你回東北，你還是回東北罷，否則你只能以一個「民主作家」資格留在北京了，你自己可以找工作，文化部沒辦法，我說「行，隨便把我看成什麼作家罷，東北我是不回去了。」從二月十一日談過話到今天他們沒找我，我也沒去找他們，那麼我只好作個「民主作家」罷。反正怎樣我也不想回東北去了。[80]

彭真對他是關心的，一九五二年把他安排到北京市人民政府文化教育委員會文物組工作。後又安排到北京市文化局戲曲研究所工作。這兩個單位並沒有「怕」蕭軍。事實證明，如果周揚肯幫忙，是不會沒有辦法的。「全『怕』你」等等，純屬推脫之詞。

第二起，發生在一九五五年。

這年五月，展開了對所謂「胡風反革命集團」的鬥爭，聲討胡風的文章鋪天蓋地。九月十五日出版的《文藝報》第十七號突然拋出《一頁鬥爭的歷史

80《蕭軍全集》第十六卷第三九一頁

——批判蕭軍反動思想的介紹》。在整個輿論機器傾全力集中批判罪大惡極的「胡風反革命集團」的高潮中突然把蕭軍揪出來和胡風捆綁在一起批鬥，這對蕭軍來說是個大不祥的信號。一九五四年四月蕭軍在給周恩來的長信中，已經用了兩萬字的篇幅把一九四八年東北的所謂《文化報》事件說清楚，指出那純屬東北局宣傳部劉芝明副部長對他的文章「隨便斷章取義、故意歪曲或誇大」製造出來的莫須有的罪名。這次《文藝報》的文章舊事重提，文章開頭介紹了蕭軍一九四八年辦《文化報》時散佈的「反動思想」。然後在此基礎上上掛下連，做出嚇人文章：

從五四到今天，中國新文藝運動的歷史已經有三十多年了。在這三十多年的鬥爭中，和王實味、蕭軍、胡風集團的鬥爭，都發生在革命陣營內部。他們都是反對馬克思主義，反對共產黨，反對人民，反對革命的；然而他們都披上了「革命」的衣服。他們不像胡適和梁實秋那樣，公開的站在資產階級的立場；也不像胡秋原和蘇汶那樣，打著「自由人」和「第三種人」的幌子，他們更要高明些。王實味穿的是「共產黨員」的衣服；蕭軍穿的是「魯迅的學生」、「革命作家」和「共產黨的朋友」的衣服；胡風的衣服就穿得更多、更漂亮了：他是「革命作家」、「文藝理論家」、「魯迅繼承者」、「馬克思主義者」、「一個站在黨底周圍的文學工作的組織者」。等等。

（中略）

他們都是在階級鬥爭最複雜、最尖銳的時候，甚至在「革命的緊急關頭」，發動他們的攻勢；他們所利用的也都是知識份子的弱點。

王實味在一九四二年抗日民族解放戰爭最困難、最艱苦的時候，利用某些知識份子的溫情主義、平均主義、個人主義、在戰爭困難面前的動搖性等等，發動了對黨的進攻。胡風集團在一九四四——一九四五年國民黨反動統治最黑暗的時期，利用某些知識份子個人主義的主觀的狂熱病，和在黑暗勢力面前走頭無路的苦悶情緒，發動了對黨和革命的進攻；最近更在我國進行社會主義革命的過渡時期，利用某些未經很好改造的知識份子身上的資產階級個人主義思想，發動了對黨和革命的更加倡狂的攻擊。蕭軍則在人民革命戰爭即將勝利、蔣介石賣國集團即將覆滅的前夜，利用一部分知識份子的和平願望以及對於人民革命的徹底勝利的疑慮，和小資產階級的落後性、動搖性，發動了對黨和革命的進攻。

（中略）

從王實味、蕭軍到胡風集團，我們可以看出，隨著革命的往前發展，階級鬥爭不是減弱，而是愈來愈複雜、尖銳；胡風反革命集團的瘋狂以及這個集團影響所及的範圍，都是過去的任何一次鬥爭所不及的。

把蕭軍說成同托派分子王實味、反革命集團頭目胡風是一丘之貉，無比明確地昭示了，「『介紹』歷史」，就是為了把蕭軍作為當前的敵人來打。事態表明，在解決了「胡風反革命集團」之後，下一個大鬥爭的反革命對象就是蕭軍。這是任何人一看都會明白的。

情勢嚴峻。但是蕭軍並沒有被這氣勢洶洶突如其來的襲擊嚇倒。九月十六、十七日，花了兩天時間寫了一封給毛澤東和劉少奇的信，反映了此事，說明一九四八年事件真相，指出《生活報》和劉芝明對他的誣陷，希望最高領導對他的政治身份，思想本質，文藝工作前途給一個最後的結論。他的心情是沉重的。一方面覺得他這封信可能得到領袖們的理解，因為他在延安終究同毛澤東有過一段比較愉快的交往。但也覺得情況不會很妙——

他們必定要「壓制」我屈服，展開鬥爭，那也就隨他們去，我也決不屈服，……。

如果他們對我展開鬥爭，除非「舊事重提」，並無任何新的材料，這結果是展不開的，展開也是無益的。最大限度用行政的力量把我囚禁起來，對於這我也毫無恐懼。我既無歷史問題，又沒組織過「小集團」，也沒盜竊過他們的文件……我要反對的我就堂堂正正公開反對，我沒有必要也沒有興趣玩那一套可憐的、愚蠢的把戲。我無求，無私心，無懼於任何損失，……凡是不利於人民的我就坦蕩交戰！

隨他們如何處理，我等待著……

人啊！你必須要堅強，必須要不屈於任何暴力和恐嚇！寧可為正義戰而死，決不屈辱以苟活，以使良心永遠譴責自己——這比死還痛苦！[81]

[81] 五五〇九一九日記，《蕭軍全集》第二十卷第七六一——七六二頁。

同日，又寫了一封向中國作協理事會常委會提出嚴重抗議的信。嚴正指出「如無充分憑證可以證明我是『反革命』分子或『托派』、『戰犯』……該報的編者和作者，應根據國家憲法第八十九條『中華人民共和國公民的人身自由不受侵犯……』所規定的『妨害名譽罪』——尤其是『政治名譽』——部分，負起『誣告反坐』或『賠償』的責任。因為名譽也是人身所屬的一部分。」[82]強烈要求對方在十日以內給回答。不然，將按法律手續提出控訴。信寫好，未寄出。他終於清醒地認識到，這種徒求一時宣洩之快的文字，是沒有什麼實質性的意義的。他即使「按法律手續提出控訴」，法院未必會接受他的訴狀。即使接了訴狀，肯定要無限期地壓下來。

他就等待毛澤東的答覆。

他等了三個多月，毛澤東的回信沒有等到，《文藝報》該年二十四號卻又發表批判文章：《蕭軍的〈五月的礦山〉為什麼是有毒的》。批判文章咄咄逼人：

不管蕭軍在書裡堆砌了多少空洞的議論，作品的基本思想和形象的

82《蕭軍全集》第十七卷第二七二頁。

實質，卻明白地告訴了我們：這不過是蕭軍反動思想的再版，是對於現實生活的徹頭徹尾的歪曲，是對黨和人民的徹頭徹尾的誣衊。我們感到憤怒，當全國人民滿懷信心向著社會主義進軍的時候，蕭軍不僅沒有認真地、徹底地肅清自己的反動思想，反而繼續抱著他那一套醜惡的「哲學」，繼續散發著毒害人們靈魂的黴菌，這是令人不能容忍的。

必須向這樣的「作家」進行討伐。

批判文章最末一句「必須向這樣的『作家』進行討伐」用一條紙封了起來，這個情況洩露了主事人的一個大秘密。他們原來是準備以《文藝報》這兩篇文章為契機，繼反胡風集團鬥爭之後大張旗鼓地展開一場對蕭軍的「討伐」的。「必須向這樣的『作家』進行討伐」，就是討伐令的正式發出，接著而來的便是全民共討全黨共伐的局面。可能在二十四期《文藝報》已經印出即將交給郵局發行的最後一刻，主事人改變了初衷。原因很可能是，他們雖然經過緊張的內查外調，始終搜尋不到蕭軍的反動言行。要開展大討伐，僅憑一九四八年的那些材料，運動只能逗留在算舊帳的範圍內，這個討伐是無法搞不出名堂來，只能落得個貽笑大方的結局的。經過再三研究，只好臨時改變計劃，把正式的「討伐」放到時機成熟之時再說了。蕭軍是不會不從文章最後一句用一條紙封了起來的事實發現其微妙內涵的。這倒應了蕭軍在九月十九日日記中的那個判斷：「如果他們對我展開鬥爭，除非『舊事重提』，並無任何新的材料，這結果是展不開的，展開也是無益的。」他自然不致天真到認為掌權者已經放棄了「討伐」計畫，他是深知掌權者絕不會對他行仁政的。為了改變被動挨打的局面，蕭軍於一九五六年一月又一次寫信向毛澤東和劉少奇提出申訴：

這又是一封會使您們不愉快的信。盡寫這類信給您們，在我也並非是愉快的事，甚至是羞慚和痛苦！

最近出版的一九五五年第二四號《文藝報》又刊載了一篇《蕭軍的〈五月的礦山〉為什麼是有毒的？》文章，這文章的最末一句是「必須向這樣的『作家』進行討伐」，不過它們是用一條紙封起來了。據我想，這可能是認為「討伐」的時機未到，或者是先給讀者們一個埋伏性的「暗示」，在思想上作一番動員和準備，待到時機成熟，就可公開展開「討伐」。

從這篇批評我的書的文章和以前第十七號《文藝報》所載的《一頁鬥爭歷史——批判蕭軍反動思想的介紹》聯繫起來看，這當然不是偶然的、單純的一種作品上的「批評」文字，這是有計劃、有步驟、有目的……的安排——要展開對我的「討伐」。前一篇文章那是對於我的「人」一種「政治上中傷」，它們已超出了「思想」範圍；這一篇卻是對於我的「書」一種抹殺性的「否定」，而且要提高到反黨、反人民、反馬列主義的思想性的高度，也已超出了真正的文藝批評範圍以外，這在稍有思維能力的人是一望就可明白的。這是不必尋找什麼「蛛絲馬跡」的來源和去脈了。

當然，如果我的「人」，我的「書」果真如該報所認為的那樣，我不獨應該被「討伐」，被逐出文藝工作以外，而且也應該領受國家法律的裁判。我們決不能允許這樣的「書」、這樣的「人」，還存在在我們的社會上。在我自己也決無怨言，不過在這未正式「討伐」之前，未被法律裁判之前，我還要向您們——國家和黨的最高負責人，提出我的申訴：

這《五月的礦山》未出版之前，不獨人民文學出版社編輯看過了，出版社社長馮雪峰同志讀過了，也提到政府中央審閱過了，而後才得出版。無論在出版社編輯部，雪峰同志，政府中央審閱以後，除開在一些技術性的問題上提過一些意見而外——我也做過必要的修改——也從來沒聽到過它是反黨、反人民、反馬列主義以致有「毒」的意見。如果此書果真如此，為什麼能讓它出版而且印了幾萬冊，難道說《文藝報》的編者，該文的作者，他們馬列主義觀照的能力，政治上的原則性，革命的嗅覺……比中央、比雪峰同志、比出版社編輯同志……更高明一些嗎？而且為什麼直到今天——這書出版快近一年——才發覺它的有「毒」以至於反黨、反人民、反馬列主義呢？這書出版後，我馬上就給毛主席、劉委員長以至中央幾位負責人各寄過一本，請求批評和指導，直到今天我也還沒得過任何說這書有「毒」和「反動」的批評。關於這書我也接到過一些讀者們來信，他們當然也各有不同的意見，但也還沒有說它有「毒」、反黨、反人民、反馬列主義——這是使我很難理解的。

（中略）

該報既有了這「討伐」的準備，我也只有挺身待誅，倒要看一看究竟能把我「討伐」到哪裡去？最後的結果如何？對於人民究竟有什麼益處？……據我想，頂多不過是使我再沒有出版的機會，也還不至入獄或殺頭！即使真的到了這樣地步，從我個人來說，所謂「生死榮辱」敢於說早已是置之度外，所有不能安於心的只是還有父、妻、兒女之責而已。

我曾有過兩封信給毛主席、劉委員長，請求對於我的政治身份，思想本質，文藝工作前途……給一個最後的結論，使我明確的認識自己，那時候我我必將負起我應負的責任，直到今天我也在等待著。因此我也用了我自己所有的理智和忍耐控制我自己，我知道，這些問題雖小，但除開毛主席和劉委員長是無人能夠解決的。因此我還是寫信給您們，也還是相信著您們最後的判斷和結論。

我決不會在類似《文藝報》這樣的「批評」或「討伐」下面低頭認「罪」的。[83]

[83]《蕭軍全集》第十六卷第三五六——三五七頁

蕭軍在信裡特別強調，《五月的礦山》這部作品是經過「政府中央審閱過了，而後才得出版」的。這句話寫得比較含混：這部作品實際上是經毛澤東批示才得以出版的。蕭軍在一九七四年五月二十日給周恩來的的信裡提到此事，可以參證：

原來這兩部小說（葉按：指《五月的礦山》和《過去的年代》）「人民文學出版社」也是拒絕出版的。後來我把它們送到了黨中央周總理那裡並請他轉給毛主席，還附了兩封信，一封信給周總理，一封信給毛主席，請求他們對於我的作品給予審閱，並希望給以出版的機會等等。經過了半年之後，我收到了國務院當時的「文教委員會」辦公廳給予我的一封信，信中說毛主席親自指示認為我的作品可以出版。信中並要我再去「人民文學出版社」接洽等情。我當即拿了這份信件去和該社當時的負責人馮雪峰接談，結果是我的《五月的礦山》和《過去的年代》被該社決定接受出版了。後來它們也確實出版了。[84]

[84]《蕭軍全集》第十七卷第一一二八頁。

可以想見，毛澤東看了蕭軍的信感到事情棘手，只好關照周揚等人不要再在《五月的礦山》上做文章了。從一九五六年一月到一九五七年六月反右前，蕭軍沒有受到批判，可能與此有關。

第三起，發生在一九五七年反右鬥爭期間。

反右鬥爭一開始，蕭軍就受到猛烈衝擊。一九五七年七月二十五日，周揚在他主持的休會了五十天重新召開的中國作協黨組擴大會議上，在批判丁陳反黨集團的講話中，把蕭軍同丁陳「反黨」的歷史聯繫起來批判：

在延安，丁玲、陳企霞都經手刊登了王實味的《野百合花》，丁玲自己還發表了《「三八節」有感》，與蕭軍搞得那麼好，國民黨正好把《野百合花》、《「三八節」有感》和蕭軍的《論同志之「愛」與「耐」》等三篇文章加以介紹推薦，（下略）[85]

國民黨宣傳機構反對共產黨是無所不用其極的，周揚居然把國民黨反共的一手視若珍寶，欣欣然拿過來作為打擊王實味、丁玲、蕭軍的武器，國民黨當

[85] 楊桂欣《丁玲評傳》，重慶出版社二〇〇一年版，第一二四頁。

局知道，只會拍手稱快。

到了九月十六日，周揚在擴大會議上的講話，，把問題說得更玄：

我們既要歌頌光明，也要揭露黑暗。但問題是怎樣寫。不在鬥爭中，不用階級觀點去看，什麼是光明面，什麼是陰暗面是分不清的。這種提倡寫黑暗的老祖宗是王實味，第二是蕭軍，他們說太陽裡也有黑點，他們就專門看黑點。丁玲就實踐了這個理論，……[86]

蕭軍從來沒有表述過「太陽裡也有黑點，他們就專門看黑點」這樣的觀點。他的所有的文章裡根本找不到這樣的觀點。王實味也從未說過這樣的昏話，從他的所有的文章裡也找不到這樣的昏話。「這種提倡寫黑暗的老祖宗是王實味，第二是蕭軍」，這是毫無根據的栽誣。

周揚在一九四一年寫的《文學與生活漫談》中，談到如何看延安的缺點時，用太陽裡也有黑點作比喻，批評那些對延安的缺點表示不滿的作家。蕭軍當時就給以這樣的批駁：

86《陸定一、周揚在作協黨組擴大會議上作主要講話》，《文藝報》一九五七年第二五號。

如今我們該不是討論這黑點有沒有的時候，而應是怎樣——更有效，更快些——處置這黑點的問題。若僅是反覆地說明著一件事，而不想——更有效地——改變一件事，這在某一方面看起來，就有把自己的「黑點」合理化的嫌疑。[87]

蕭軍說得很清楚，所以要在作品裡揭露「黑點」、打擊「黑點」，就是為了更有效、更快些處置這「黑點」，亦即消滅這「黑點」。哪有「就專門看黑點」這樣的意思？「丁玲就實踐了這個理論」：蕭軍既沒有這樣的「理論」，丁玲又何從「實踐」起？丁玲的文章和作品哪有「就專門看黑點」的？為了把蕭軍和丁玲捆綁在一起打，竟然如此不擇手段地肆意羅織！

周揚在一九五八年二月二十八日《人民日報》發表的《文藝戰線上的一場大辯論》，把蕭軍等人的問題說得更玄：

十五年前，正當革命處在極艱苦的年月，全世界面臨法西斯的奴役，希特勒的軍隊侵佔了蘇聯大塊國土，延安被國民黨反動派重重封

[87] 《〈文學與生活漫談〉讀後漫談集錄並商榷于周揚同志》，《蕭軍全集》第十一卷第四七八頁。

鎖，敵後根據地的人民和軍隊正和日本侵略者進行著最殘酷的鬥爭，正是在這個時候，丁玲、陳企霞等人在延安和王實味、蕭軍等壞分子串通一氣，在他們主編的報刊上連續發表了《野百合花》、《三八節有感》等一系列反黨文章，從背後向革命射擊。他們的這些文章很快受到了國民黨反動派的喝采。與這同時，馮雪峰在國民黨統治區支持胡風集團，同樣向人民放出了反黨、反馬克思主義的毒素。他們在不同地區，卻挑選了同一時機，互相呼應，向黨進攻，這事正說明了一條歷史的規律：當階級鬥爭到了尖銳化的階段，革命到了轉折的關頭，總有一批混在黨內的階級異己分子和不堅定的分子在大風浪中經不住考驗，暴露出他們的原形來。[88]

丁玲在延安和王實味、蕭軍等「壞分子」「串通一氣」發表「反黨文章」，居然是和希特勒的進攻蘇聯相呼應的，居然也是和國民黨頑固派的反共活動相呼應的！而馮雪峰和胡風則在國統區同丁玲等壞人相呼應。肆意歪曲歷史達到了如此荒誕可笑的地步，居然還說這事正說明了一條「歷史的規律」！

88《文藝報》一九五八年五號。

說到蕭軍是「壞人」，不妨提一提一樁往事。蕭軍到延安初期，是曾被懷疑為「壞人」的。但經過一番頗具戲劇性的臥底瞭解，很快解除了對他的懷疑。事情經過是這樣的。蕭軍到延安後，長期未安排工作，被安置在藍家坪招待所，成為一名閒散人員。由於沒有工作，他經常到橋兒溝魯藝找朋友聊天。蕭軍性格直率，對延安的某些現象看不慣，在言談中不免發些牢騷。一次，中央文委負責人艾思奇奉命找蕭軍談話，話不投機，蕭軍竟從懷中拔出匕首。蕭軍的言行立即引起上級警惕，一些領導幹部要求社會部儘快做出明確結論，確定蕭軍究竟是友是敵。社會部部長康生責令治安科負責調查。科長陳龍佈置青年幹部慕丰韻裝扮成從其他根據地來延安的幹部，住進藍家坪招待所鄰近蕭軍的窯洞裡，就近觀察蕭軍。經過一段時間的觀察，慕丰韻發現蕭軍喜愛京劇。正好慕會拉京胡，就以操京胡伴蕭軍清唱與蕭交上了朋友。蕭軍毫無城府，不出幾天就對慕無話不談。慕丰韻將所瞭解到的蕭軍思想動態一一向上級彙報，終於解除了對蕭軍政治上的懷疑。[89]於是才有了一九四一年七月毛澤東與蕭軍的第一次會見。社會部對他進行的臥底偵察，是陳龍在蕭軍去世後向外透露的；蕭軍始終不知道有這麼一段頗具偵破電影場面的曲折過程。這表明，蕭軍

[89] 據修來榮《陳龍傳》，群眾出版社一九九五年版。

在延安初期，只是一度被懷疑為「壞人」，最後就解除了對他的懷疑。

王實味，在相當長一個時期人們是把他當作「托派」看待的。其實那是沒有根據的栽誣。黎辛說得很幽默：「王實味的托洛茨基分子的結論是中央研究院『揭發』和批判出來的」。[90]這是說，王實味的托洛茨基分子的結論是逼供信的產物。

周揚把蕭軍與王實味並論，認為他在延安時期是「壞人」，歷史證明，兩人都不是「壞人」。

第四起，發生在一九五八年。

一九五八年一月二十六日《文藝報》第二期推出一個《再批判》特輯，把蕭軍的《論同志之「愛」與「耐」》連同王實味的《野百合花》、丁玲的《三八節有感》、羅烽的《還是雜文的時代》、艾青的《瞭解作家尊重作家》放在一起批判。「編者按語」中稱：「蕭軍、羅烽等人，當時和丁玲、陳企霞勾結在一起，從事反黨活動。「特輯」發表前，「編者按語」曾送給毛澤東審批，毛澤東在批語中對按語作了這樣的批評：「按語較沉悶，政治性不足。你們是文學家，文也不足。不足以喚起讀者注目。」[91]並對「編者按語」作了修

[90] 《〈野百合花〉•延安整風•〈再批判〉》，《新文學史料》一九九五年第四期。

[91] 《建國以來毛澤東文稿》，中央文獻出版社一九九二年版，第七冊第十七頁。

改。由於按語是經毛澤東改寫的，因此人們普遍認為《再批判》是由毛澤東主持搞出來的。事實並非如此。瞭解內情的黎辛作過澄清：

> 五七年定丁玲、馮雪峰、陳企霞右派反黨集團沒有報告毛主席，到五八年初《文藝報》把《再批判》的稿件，仿延安時期的作法，徑送毛主席，「水到渠成」，他同意《再批判》，並重寫了按語，沒看內容，退還《文藝報》發表。我記得《再批判》是黨組主要成員與《文藝報》商量作的。[92]

「五七年定丁玲、馮雪峰、陳企霞右派反黨集團沒有報告毛主席，到五八年初《文藝報》把《再批判》的稿件，仿延安時期的作法，徑送毛主席」：這兩句話沒有主語。瞭解情況的都明白，指的就是周揚。《再批判》是「黨組主要成員」搞出來的；「黨組主要成員」是在周揚的佈置下奉命行事的。這是周揚為了進一步搞臭丁玲而出的餿主意。事實是，除了王實味的《野百合花》、丁玲的《三八節有感》曾在當時受過批判外，其餘的幾篇文章都沒有受批判，

92 《〈野百合花〉・延安整風・〈再批判〉》，《新文學史料》一九九五年第四期。

蕭軍的《論同志之「愛」與「耐」》甚至是毛澤東審閱過而且認可的。把沒有受過批判的文章甚至為毛澤東認可的文章放到《再批判》特輯裡，完全為了加強搞臭丁玲的力量。毛澤東在「沒看內容」的情況下同意發表周揚一手炮製的《再批判》，並鄭重其事地改寫了「編者按語」，忘記了蕭軍的文章當年是經過他親自認可的，這多少有點被他自己當時搞得草木皆兵的情勢弄得失去應有的冷靜了。

蕭軍的《論同志之「愛」與「耐」》發表前給毛澤東看過，有關情況蕭軍一九四二年四月四日的日記有記述：

> 下午把《論同志之「愛」與「耐」》寫好，因其中有一段話引毛澤東的，我去尋他，他的意見，還是不放上去的好。和他談了些關於文抗俱樂部與張仃等事，我順便為他們解釋著。他告訴我為了增加十萬石糧，延安百姓跑了六百家，邊境跑了四百家。「你的文章意見是好的，應該這樣寫，不然民心動搖了，怎麼得了……」他主張對人寧可他有一千一萬不好，只要不反革命，就一直對他好。[93]

[93]《蕭軍全集》第十八卷第五九六頁。

這表明了，《論同志之「愛」與「耐」》中的見解毛澤東是認可的。時間是一九四二年四月，那確實是「希特勒的軍隊侵佔了蘇聯大塊國土，延安被國民黨反動派重重封鎖，敵後根據地的人民和軍隊正和日本侵略者進行著最殘酷的鬥爭」的嚴峻時刻。周揚也不想想，如果蕭軍的這篇文章真是同希特勒、國民黨反動派相呼應的，那麼你周揚又把肯定了這篇文章的毛澤東置於何地？

而且，這篇文章的發表與丁玲毫無關係。當年在《解放日報》工作的黎辛記得很清楚：「四月八日見報的蕭軍的文章是舒群組織來，並是由他先看先簽『可用』的，與丁玲『毫無關涉』。」[94]

蕭軍對於特輯的「編者按語」的作者非同一般，是極為重視的。一九八〇年二月黨中央為蕭軍平反的文件，提到必須推倒的文件有二，一個是一九四八年東北局《關於蕭軍問題的決定》，還有一個就是《文藝報》《再批判》對《論同志之「愛」與「耐」》的批判。這顯然是由於《再批判》的「編者按語」的作者非同一般，使《再批判》具有了法律定性的性質，必須在平反文件中鄭重提出了。在平反文件出來這二十多年的時間裡，壓在蕭軍身上的負擔的

[94]《〈野百合花〉・延安整風・〈再批判〉》，《新文學史料》一九九六年第四期。

沉重，可以想見。他當年在給周恩來的申訴書中指出，整他的人是周揚，這是完全說中了的。《文藝報》搞出如此大舉措來，不是周揚出的主意，是無法想像的。

一九五七—一九五八年對蕭軍的批判格外匪夷所思，格外充滿殺機，顯然是周揚在反右的狂潮裡意識到「討伐」蕭軍的大好時機已經來到，他自然不肯放過了。

一九五八年十一月，蕭軍在給彭真的信中傾訴他的不公正的遭遇和他的刻骨銘心的痛苦時，特別提出反胡風鬥爭和反右鬥爭給他帶來的傷害的深巨：

> 自從東北論爭事件以來，這十年間由於中央並沒有做出最後的結論，這對我的精神不能不是一種壓力，因此老朋友斷絕來往了，各種集會遠離了。同時每一次事件——胡風、丁玲等——也總要把我陪一次綁！一個人再如何堅強，他的精神總不會毫無影響的，尤其這並非來自敵人，因此我決定放棄文學，開始學醫，希望此後安心做一個醫療工作人員或醫學研究者，把兒女養大，盡了人倫的責任，以終餘年。因

此任何毀譽，皆不計較，想不到連這樣一點願望如今全要被破滅，夫復何言。

例如，當每一次事件發生時——胡、丁等——我幾乎全是以「待罪」的心情在家等待著，雖然自問應該是無罪的，但這心情卻不能夠拋開。坦白地說，我個人對於這人生早已失卻了興趣，當然更談不到理想和願望。我之所以還不肯走自殺這條路，首先是我不願使妻子失掉丈夫，兒女失掉父親而使自己逃避責任，其次是我還希望有一天能恢復文學創作生活，把自己要計畫的工作在此生終結以前，給中國文學上留下一些成績，因此自己勉強著忍耐著痛苦著……還是一天一天一步步活下來！但是連這一點衷曲也不被諒解，一定要我有所「屈服」，不明不白地「低頭」，甚至要置我於「死地」，當然我也不會拒絕的，隨便倒在什麼外力之下全可以。這由於今天我不是站在敵人的面前，我可以忍耐、等待報復，因此我知道自己的忍耐力已經到某種微弱的程度了。如果今天的公安機關想要以這「小事」判我以「勞動改造」等等，我是不會接受的，這除非奪去我的生命！我如今已經活到五十多歲，對人生各種辛酸也嘗得夠多了，此後也不會再有什麼幸福等待著我，所餘的幾十年光陰很快也就過去了，何必爭此一天兩天。您對我理解得可能較深些，我以為您不會想像我說這些話在「恐嚇」誰，我也不會有這類失尊嚴的卑賤想法，只是由於過去我們曾有一段「友情」，所以才掬心地說出，更確切地說，我不願也不希望這「外力」是在你所領導下的公安機關或任何機關，這不會是愉快的事。[95]

這是怎樣令人戰慄的「掬心自食」的告白，這又是怎樣令人揪心的一字一血淚的悲憤控訴！被殘酷折磨的靈魂已經無法承受如此接二連三的打擊，一個少有的剛強的硬漢子甚至閃過自殺的念頭。是對於妻兒生活的牽掛，才使他打消了這個念頭。這是怎樣慘痛的處境！周揚們在批判已經定性的反革命分子的時候，一而再再而三地把他揪出來與之並論，致使他認定公安機關早晚有一天會把他投進監獄，與已經關進胡風同命運，甚至與已經被槍斃的王實味同命運。

這個訴諸人類良知的血淚控訴，照出了以周揚乃至他一夥的極不光彩的面目。

[95]《蕭軍全集》第十六卷第三九九——四〇〇頁。

第五起，發生在一九七八年。

這年四月二十九日，已經是社會科學院副院長的周揚，在接受美籍華裔作家趙浩生的訪問，談到延安時期的情況時，說了這樣的話：

當時延安有兩派，一派是以「魯藝」為代表，包括何其芳，當然是以我為首。一派以「文抗」為代表，以丁玲為首。這兩派本來在上海就有點鬧宗派主義。大體是這樣：我們「魯藝」這一派的人主張歌頌光明，雖然不能和工農兵結合，和他們打成一片，但還是主張歌頌光明。而「文抗」這一派主張要暴露黑暗，（下略）[96]

一九五七年周揚在批判丁陳反黨集團的會上聲稱，「提倡寫黑暗的老祖宗是王實味，第二是蕭軍，他們說太陽裡也有黑點，他們就專門看黑點」。周揚現在的這番話，不就是一九五七年的濫調的翻版嗎？周揚談到「一派以『文抗』為代表」的時候，只說「以丁玲為首」，沒有提蕭軍的名字，但在談到他寫的《文學與生活漫談》時，就按耐不住把蕭軍的名字亮了出來：「因為我

96 《周揚笑談歷史功過》，《新文學史料》一九七九年第二輯。

不贊成蕭軍他們的觀點，我才寫了這篇文章。」周揚，在一九七八年還重複著二十年前的反右濫調，沾沾自喜，把「暴露黑暗」派的帽子扣到丁玲和包括蕭軍在內的「文抗」一派人的身上，太可怕了。

周揚這裡把「暴露黑暗」派和「歌頌光明」派對舉，含有很深的殺機。意思是，周揚他們認為革命根據地的主流是光明的，而蕭軍他們認為革命根據地的主流是黑暗的。「我們這一派，包括何其芳這些人，要歌頌光明」，「『文抗』的人就看不慣，要暴露黑暗」。這是更毫無顧忌地指斥「暴露黑暗」派的反動性了。——事實是，「文抗」的人看不慣的不是周揚他們「歌頌光明」，而是他們的「歌頌」在許多場合是對於現實的粉飾。

經過了「文化大革命」的空前衝擊，不少整人的人對自己文革前的極左錯誤有了不同程度的認識；周揚卻在對待丁玲、蕭軍諸人的問題上毫無覺悟，仍然站在二十年前的立場上，變本加厲地把一盆盆污水潑到他們身上，蕭軍怎麼能不感到憤怒呢！

有著這樣殘酷折磨靈魂的五大痛苦記憶，尤其是不久前還扣他以「暴露黑暗」派的帽子，蕭軍自然要在聽到周揚那麼自信地聲稱「文藝的春天來臨」時按耐不住，悲憤地發出「周揚的春天，就是我的冬天」的呼號了。

這是鬱積了幾十年血淚幾十年屈辱悲憤的爆發，這是幾十年沒有得到「人」的待遇的訴之於人類良知的神聖抗議。而且，我們有理由相信，和蕭軍有同感的人，決不在少數。

但是，蕭軍發出「周揚的春天，就是我的冬天」的呼號還有更直接的現實意義。四次文代會的陣勢表明，周揚仍將重新掌大權。他能否同過去的極左思想徹底決裂，從種種跡象看，還很成問題。如，他在草擬的四次文代大會報告提綱中就聲稱，文革前的十七年文藝領域並沒有一條「左」的路線。如，他始終揪杜丁玲的歷史問題不放，不同意給丁玲徹底平反，說什麼「『疑點』可以排除，『污點』不能抹掉」。林默涵積極為丁玲平反操心，他認為這是對他的「背叛」。凡此種種，對於文藝運動的真正春天的到來，都不是可喜的徵兆。

人們應該從蕭軍的呼號裡聽出這樣的深廣憂慮。蕭軍的一聲大吼，決不是僅僅出自個人的恩怨。

【附錄】

蕭軍發出「周揚同志的春天，就是我的冬天」的呼號是針對周揚的一句話。一九七九年十一月五日，蕭軍在第四次文代會小組會上作了《春天裡的冬天》的發言，是針對周揚的主題報告的。二者針對性不同，但有相互映照之處。下面是從發言裡摘錄的幾個片段：

我認為，三十年來的帳，有政治上的，也有文藝上的。三十年裡，在文藝界，有春天，也有冬天。在周揚同志等人來說，是春天，在我來說，就是冬天，因為我們的處境不同，我整整冬眠了三十年！

從周揚同志的報告裡可以看到，三十年來，除了「四人幫」橫行的十年算冬天，其餘都是春天。可是我則不然。五八年「四人幫」還未出來以前，就對我進行「再批判」，就因為我在延安時期寫了篇《論同志之『愛』與『耐』》的小文章。這篇文章依然還在，只是如今價格可能不同了，文章也隨歷史「行情」在不斷變化。

列寧說：「沒有明確的思想，就沒有明確的語言。」周揚同志這個報告篇幅雖長，但是並沒有把問題說清楚，使人抓不著他的中心思想。特別是講到「四人幫」以外的教訓時，是羞羞答答，忸忸怩怩，遮遮掩掩，水過地皮濕，重點不突出，問題不肯定……正如有句對聯說的：「似乎大概也許是，不過而今不能說。」這是形容說話不著實際的意思。這個報告如果是周揚同志個人的，我可能會提一大堆意見，他今天既是代表組織作的，我就無話可說了。

我最近對日本朋友說，一個真正為人民所需要的作家，是打不倒，罵不怕、詛咒不死，壓不垮也掩沒不了的。如果人民不需要他，他就完了。[97]

[97]《蕭軍全集》，第十二卷，第五一五—五一七頁。

周揚拒赴和解宴

一九七九年末第四次文代會後，賀敬之請王震出面做促進周揚和丁玲和解的工作，結果是，周揚的表現令人大失所望。賀敬之後來在同記者交談時曾介紹了有關情況：

我是從工作著想，覺得在還活著的前輩革命作家中最有影響的丁玲同志和革命文藝工作中最有影響的領導者周揚同志之間老有隔閡，是對文藝的繁榮發展不利的，怎麼想辦法做一點促進團結的工作呢？就想到了王震將軍。於是，我和柯岩就去找他，請他出面主持一次老朋友式的聚會試試看……

王震同志一聽我們的建議就很高興，說就是要這樣做工作嘛，王震同志的夫人王季青大姐也很熱情，於是很快就商量定，由王老出面在北京飯店請客，並由他為主進行交談。

（請的人有）丁玲、陳明夫婦，艾青、高瑛夫婦，周揚、蘇靈揚夫婦，還有曾在新疆工作後調人民日報社和艾青熟悉的李千峰、姚文夫婦，再就是我和柯岩。

很遺憾，周揚同志和蘇靈揚同志沒有去。本來事先我和周揚同志都說好了的，可那天我去他家接他，他卻猶豫了，問我：你看我真有必要去嗎？我說：這是王震同志的好意，為了團結嘛。周揚同志又想了想說：我不要去了，去了也不好談什麼。我急了，說：王震同志他們都等在那裡，你不去，我怎麼向他們交代呢！蘇靈揚同志說，你就說他身體不太好。我感到他們態度堅決，就無法再勸了。我又回到北京飯店，別的人都來齊了，我不能說實情，就說周揚同志心臟不大好，來不了，他表示對不住大家。王震同志聽了說：那就以後再找機會吧，反正機會多咧！大家也沒有再說什麼。後來王震同志問我：那天究竟怎麼回事？我講了一下情況，他說：可能周揚同志有顧慮吧？丁玲同志心直口快，有時說話會帶刺，也難怪，二十多年了嘛……他長歎了一聲，對雙方都沒有責備。[98]

[98]《風雨答問錄》，《賀敬之文集》，作家出版社二〇〇五年版，第六卷第四四五—四四六頁。原文為答問形式，記者的問話略。

周揚拒赴和解宴，就是以最明白無誤的方式表示了，他拒絕與丁玲和解。從來只有挨整的不願與整人的和解，還沒見整人的不願與挨整的和解的。這雖不能說是絕後，也可算是空前的罷。

周揚為什麼做得這麼絕，這是很有必要作一番探討的。

周揚一九五六年把丁玲打成「有變節性行為」的人物（實際是「叛徒」），一九五七年又把她打成反黨反社會主義的大「右派」，是震驚中外的大事。丁玲是帶著對周揚的切齒仇恨走上流放道路的。然而，造化是那麼捉弄人，僅僅過了三年，一九六〇年第三次文代會上，丁玲對周揚的態度發生了戲劇性的劇變。那時，她已經是右派，是毛澤東的意見，要讓幾個大右派參加大會，丁玲就是一個。周揚在講話中，把丁玲稱為「同志」，雖然立刻改口說，「我們希望有一天稱她同志」，但丁玲已經很受感動了。會議期間就寫信給周揚：「我參加了這次學習，真是在我新生中給了無限的力量。我感覺到我的改造不只是因為我犯了錯誤才需要改造，並且因為我還可以做許多事，我還有很大的責任才要徹底改造的，因此我更有信心，我要回到你那裡來。我覺得我同你很接近。我老早就有這種感覺了，只是常常怕說出來。」[99]她還表示願意和

[99]《文學戰報》一九六七年第二十四、二十五期。

他交談一次。後來在作協秘書長張僖的安排下，他們進行了兩個小時的交談。交談的內容，沒有向外透露。丁玲所以寫信向周揚表示好感，甚至願意和周揚作一次交談，確實是認為她的問題的解決大有希望，抑制不住內心的喜悅，把十三年前被周揚無所不用其極地打成叛徒和右派的痛苦與仇恨，丟到爪哇國去了。信中甚至不惜違心地說「我覺得我同你很接近。我老早就有這種感覺了，只是常常怕說出來」。一九七九年五月九日，不久前剛從山西流放地回京的丁玲由陳明、甘露陪同，主動到醫院看望周揚。那時周揚準備赴日訪問住院檢查身體。丁玲所以主動去看望當年把她打成叛徒和右派的周揚，就是因為第三次文代會上周揚給她留下了比較好的印象。丁玲，是懷著對周揚的美好回憶主動到醫院看望周揚，而且希望她的平反問題能夠得到徹底解決的。她的右派問題已經在中國作協復查辦公室六天前發出的《複查結論》予以徹底推倒，但在歷史問題上仍維持一九五六年十月的結論，即認為「有變節性行為」，「在敵人面前犯過政治性的錯誤」。這實際上意味著丁玲是「叛徒」。當初，給她扣上這個「叛徒」帽子的是周揚，現在做出這個《複查結論》的中國作協複查辦公室是周揚領導的，要摘去這頂帽子，周揚是關鍵人物。她需要向周揚要個說法。

然而，周揚對丁玲卻表示了不近人情的冷淡。陳明記下當時的情景：

大概是在一九七九年初，我們剛從山西回來。住在友誼賓館。聽說他要去日本訪問，我們想肯定會有些日本朋友要問丁玲為什麼沒有平反，就去看他。他當時住在北京醫院做出國前的例行檢查。和我們一起去的還有甘露。這是一九六三年以來丁玲和他的第一次見面，也可以說九死一生後的重逢。可是見面後他一句也沒有問丁玲的身體和生活，以及平反的事情。只講自己耳朵怎麼被打聾了，蘇靈揚被剃陰陽頭。等我們告別要走時，我聽見他坐在沙發上小聲說：「過去的事情我認為也不能推到一個人身上。」當時，我坐在沙發中間，丁玲在左邊，他在右邊，所以我聽得非常清楚。他靠在沙發上，仰著頭說。我不知道他說的這一個人指的是誰。是毛主席，還是他？他又說：「默涵也有責任。」這就是我們的第一次見面的情況，這個情景我至今仍然記得非常清晰。[100]

會見的情況，甘露也有記述。同甘露的記述對照，陳明漏記一個相當重要的細節：丁玲是在周揚的催促下走的。甘露的有關記述如下：

[100] 《與陳明談周揚》，李輝編著《搖盪的秋千》，海天出版社一九九八年版，第一〇九頁。

……他談起自己在「文革」中的遭遇，造反派把他打成假黨員，把他的耳朵也打聾了。聽到這些，我們大家都很沉痛，臉上流露著惋惜和悲憤的神情。接著周揚同志說，夏衍同志的腿也是在「文革」中被造反派打壞的；還告訴丁玲，夏衍也住醫院，就在樓下；還說夏衍住院也閑不注，電影界幾乎天天有人來找他，聽臺詞錄音，討論劇本等等。他建議丁玲順路去看看夏衍。談話大約有半個小時，丁玲等便起身告辭，……[101]

可以看出，周揚對丁玲的態度是極為反常的。一個被他整得死去活來的受害者能夠不計前嫌特來看他，周揚卻連個最起碼的禮節性問好也沒有，更沒有表示應有的歉意，只顧談自己的遭遇，而且又那麼急急忙忙把她支走，要她去看夏衍。

顯然，丁玲對於周揚在三次文代會上的表現，作了完全錯誤的判斷。那兩個小時的談話，想來也是一方真心實意的自我檢查，一方虛與委蛇地敷衍。

[101] 《一次難忘的探視》，《新文學史料》一九九一年第三期。

丁玲被自己的自作多情所蒙蔽，竟然看不破對方的虛偽，以至一直對他抱有幻想，以為在「叛徒」問題上能起個解鈴人的作用。不料結果卻是如此。

周揚對丁玲的態度表明，他在反右鬥爭中把丁玲打成右派，他所應負的主要責任，是毫無覺悟的。而實際上把她打成「叛徒」一事他壓根不認為有錯。他主持搞出來的《複查結論》就是明證。

在這樣的認識基礎上，拒絕應邀赴和解宴，也就毫不奇怪了。

事情很明顯，要和解，他得首先表態：當年整了她，尤其是實際上把她打成「叛徒」，是錯誤的。然而，這個態，他是絕對不肯表的。他在醫院接見丁玲時的冷淡、麻木，顧左右而言他，以及小聲說出的那兩句話（「過去的事情我認為也不能推到一個人身上。」「默涵也有責任。」），都已無比明確地表明，周揚是絕對不肯同丁玲和解的。

可以說，丁玲在看望周揚之後，對他的態度已經摸透。五十年代運動中的周揚和六十年代三次文代會上的周揚，始終是一個周揚，一個整人不眨眼的殺手。三次文代會對他看法的改變，是她犯了自作多情的錯誤。她給周揚寫出那麼一封討好的信，是她一生幹下的一大蠢事。這次她所以答應參加和解宴，無非是不想拂逆王震的一片好意，去應應卯而已。她知道得很清楚，即使周揚赴宴，也不會改變二人的緊張關係。橫亙在他們中間的，便是那個維持一九五六年實際上定為「叛徒」的結論的《複查結論》。

從種種跡象看，周揚對丁玲是懷有極不尋常的深仇大恨的。不然，是不會有維持一九五六年實際上定為「叛徒」的結論的《複查結論》，不會有醫院裡那一系列反常的表現，更不會有拒赴和解宴這樣的行動的。

那麼，這個極不尋常的深仇大恨是什麼呢？

我認為，黎辛在他的一篇文章和郭小川在他的《檢討書》中的各一段記述，是很有助於我們找到問題答案的。

黎辛的回憶錄記敘了丁玲於一九五六年八月中旬寫了一份《我的檢討》交黨組的情況。《檢討》中有一部分是專門對周揚提意見的——

丁玲寫的《我對周揚同志的意見》中，對周揚的意見分工作的和生活的兩部分。李之璉處理丁玲對周揚的意見，是很謹慎的。他請示張際春，只印發給中宣部部長、副部長、黨委書記、副書記，共約十份。

此件黨委會是作為「絕密件」發的，至今未見到報刊披露。我當時看過即鎖進保險櫃。可是周揚卻很惱火。據李之璉回憶，一次部長辦公會議上，周揚問李之璉：「你們把反黨分子對人的誣衊廣為散發是什麼意思？」對周揚這種指責，部長未表示異議，李之璉作為下級，只能看作是領導的決定來執行。後來，丁玲又寫了有關周揚的材料，就只好不再印發有關同志了。[102]

丁玲提到周揚的所謂「生活」問題，是「男女關係問題」的一種文雅的表述。

再看郭小川在寫于文革的《檢討書》中的敘述：

早在一九五七年初，丁玲寫過的翻案材料中，就用「檢查」的形式，揭露了周揚在解放初期的男女關係的問題。當然，丁玲這種「揭露」也是為翻案作盾牌的。當時，我作為給丁、陳寫結論的負責人，就把丁玲這個材料印發給少數負責人（我記得，只發給舊中宣部黨委和舊

[102] 黎辛《我所瞭解的丁玲、馮雪峰、陳企霞案件始末》，《縱橫》一九九八年第十期。

作協黨組的負責人和陸定一、張際春、周揚、林默涵們），因為，當時丁玲的所有翻案材料都要印發的，目的是讓有關的負責人瞭解她的動態。但是，周揚看了，大為惱火，他跟我說：「為什麼要印發那樣的東西呢？我現在還是中宣部副部長，還讓不讓我工作嘛！要看政治問題，要看一個人同黨的關係嘛。」（大意）這以後他又經常講到丁玲對黨的不忠，暗示他自己的「對黨忠誠」，一直到七月二十五日第四次作協黨組會上，更說：「我對黨是忠誠的，雖然我有缺點，但是對黨我從來是忠誠的。」[103]

黎辛的文章說，「後來，丁玲又寫了有關周揚的材料，就只好不再印發有關同志了」。這是他不瞭解情況的錯誤判斷。丁玲的第二份內有揭發周揚男女關係問題的材料，是由作協黨組副書記郭小川負責印發的。

第一次，周揚根本不承認有「生活問題」，聲稱那是「誣衊」。第二次，在郭小川面前不得不承認有此事。周揚雖然一再表白他對黨是忠誠的，但他也深知，在人們心目中，男女關係問題，即使陷得不深，也是十分掉價的。他

103 《檢討書——詩人郭小川在政治運動中的另類文字》，中國工人出版社二〇〇一年版，第一九六頁。

說，「我現在還是中宣部副部長，還讓不讓我工作嘛！」是真心話。作為中宣部副部長，需要有堂堂的威望，需要人們看不出道德品質上的任何污點，這樣才能讓下級敬服。丁玲的這個揭發，借用一句胡風用過的比喻，無異在他的標準像上畫了一些問號，怎麼能使他不恨之入骨呢？

狂熱的嫉恨，煽動起他的報復狂熱。他要報復，狠狠報復。如何報復？——當年，周揚在上報中央的材料中實際上已經把丁玲打成「叛徒」，現在就是要在「叛徒問題」上大張旗鼓地做文章，把丁玲徹底搞臭，永遠釘在歷史的恥辱柱上！

為了在所謂「叛徒問題」上狠很打擊丁玲，在八月十四日的大會上，他先讓林默涵公佈丁玲被捕後所謂「自首變節」的表現，這是一個肆意妖魔化丁玲的大惡作。接著讓夏衍就這個問題進一步發揮，連丁玲被捕後國民黨特務小報造的不堪入目的謠言，也煞有介事地搬將出來，在批判大會上津津有味地講出。為了在丁玲的「叛徒問題」上做文章，竟然不惜乞憐於國民黨特務小報，把反動派迫害革命作家的罪行化為低級下流的笑談，太不可思議了。林默涵和夏衍的話實在太噁心了，我不能引錄。人們都把八月十四日夏衍批判馮雪峰時的發言稱為「爆炸性發言」，其實夏衍的發言在進入批判馮雪峰之前那段對丁玲的批判，就是「爆炸性」的。人們更不知道林默涵的所謂揭露丁玲被捕後的表現的發言也是「爆炸性」的。這兩個針對丁玲的「爆炸性」發言，它們的總策劃總導演，就是周揚。這是他精心組織的一次令人毛骨悚然的報復行動。

周揚在一九七九年的《複查結論》中扭住丁玲的所謂「叛徒問題」不放，正是一九五七年的報復行動的延續。看來，他是下決心要把一九五六年的《結論》帶到墳墓裡去的，

周揚懷著對丁玲如此重大的仇恨，自然不肯前赴和解宴了。他當初答應下來，可能是礙著王震的面子，不便推辭。過後一想，事情不妙，參加宴會只會使自己陷於尷尬。幾經思考，只好採取臨陣脫逃的下策了。

王震設宴促進丁玲、周揚的和解，事前是得到雙方的同意的。到時候周揚突然變卦不肯赴宴，雖然賀敬之回來說周揚身體不太好不能前來，但王震就首先不相信，所以事後問賀敬之究竟是怎麼回事。丁玲，自然更敏銳地意識到身體不太好云云，不過是個藉口。答應了願意和解最終又翻然變卦，這是對她的莫大耍弄、莫大侮辱。

對於周揚的惡劣態度，丁玲理所當然不會忘記。她的這股惡氣，終於在美國訪問時的一次談話中爆發出來。

一九八一年秋天，丁玲、陳明和黃秋耘去美國參加愛荷華大學國際寫作計劃中心的活動。一天，一位保加利亞作家來訪問她，由黃秋耘擔任翻譯。於是有了這樣一段情況：

> 那位保加利亞作家問丁玲：「當年定你為丁陳反黨集團，把你流放到北大荒，據我們所知，主要是周揚對你不好，那麼現在你饒恕不饒恕周揚呢？」丁玲就講：「我不饒恕，我永遠都不饒恕，直到我死去那一天。」說得那麼堅決的。我只替她翻了「我不饒恕」那句話，而I'l never forgive him until my death（我永遠不饒恕，直到我死去那一天）這一句，我沒有替她翻成英語。我覺得她這樣說不好。周揚當然有不對之處，但都已經過去了嘛，何必到死都不饒恕呢，特別是對外國人這麼說，我認為不好。[104]

104《文學路上六十年》，《風雨年華》，花城出版社一九九九年版，第三〇八頁。

「我不饒恕，我永遠都不饒恕，直到我死去的那一天。」——丁玲的這個斬截的回答，是應該讓周揚能夠聽到才快人心的。黃秋耘不瞭解情況，以致對丁玲頗有微詞。他不知道，周揚「不對之處」，並未「已經過去」，而且在原有的「不對之處」加上了新的「不對」。是周揚的決絕態度，決定了丁玲只能以這樣決絕的態度還答周揚。「我永遠都不饒恕，直到我死去的那一天。」這是周揚逼出來的答覆。

丁玲只能這樣，而且必須這樣。

【附記】

一九七八年八月三日，周揚接受英籍華裔女作家韓素音訪問，談到丁玲時，這樣繪聲繪色地描述了丁玲被捕後的表現：

丁玲這個人還在。歷史上是有污點的。政治上是有錯誤的。污點在什麼地方呢？一九三五年被捕，大概五月。她的丈夫叫馮達，當天被捕，當天就叛變了。馮講出自己的住處（當時地下工作最重要的一條，就是不講自己的地點），把丁玲抓了去，丁開始表現還好，國民黨因為她是有名的女作家，把她弄到南京，到了南京她就屈服了，與叛徒的丈夫又繼續同居了。馮後來在國民黨中統局做工作。全國解放後，馮還在臺灣，在國民黨是個職業特務，當時丁玲繼續與他同居，還生了一個小孩。當然小孩沒有責任。丁在南京受到了國民黨的優待，這是事實。國民黨中統局局長徐恩曾、陳立夫與他們有來往。這段歷史無論如何是污點，當時丁玲已經是黨員了麼！

國民黨特意安排叛徒姚蓬子（就是姚文元的父親）一家與丁玲一家住在一起。國民黨知道姚家與丁家很要好（不是一般的關係），實際上派他來做她的軟化工作，外面傳說姚文元是丁玲的兒子。據我瞭解，這是不可能的。姚文元那時還小，後來拜徐恩曾做乾爸爸。徐的老婆費俠也是叛徒，來往的都是叛徒，而且是高級特務，層層包圍。丁玲怎麼能跑掉呢？這是個疑點。與特務馮達繼續同居，至少是歷史上的污點，你是共產黨員為什麼這樣呢？[105]

[105]《檢討書——詩人郭小川在政治運動中的另類文字》，中國工人出版社二〇〇一年版，第一九六頁。

反覆強調丁玲到南京後向國民黨屈服，反覆強調與叛徒丈夫繼續同居，反覆強調丁玲來往的都是高級特務，無非是要人相信：丁玲的的確確是一個大「叛徒」。周揚這番話，完全是一九五七年夏衍批判丁玲的濫調重彈。夏衍的發言只在國內流布，周揚現在要借助韓素音的筆，把丁玲的「醜聞」向世界傳佈了。

周揚談話的時間是一九七八年八月，那時丁玲還在流放地，顯然一直沒有看到韓素音訪問周揚的談話記錄，不然，她是絕對不會上醫院看望周揚，更不會同意參加王震安排的和解宴的。

趾高氣揚的周揚沒有料到的是，六年之後，黨中央徹底推倒了周揚在五十年代給丁玲的歷史問題所做的誣衊不實的結論。

一九八四年三月，中組部作出《關於丁玲同志申訴的復議報告》上報中央書記處，對丁玲的遺留問題做出實事求是的結論。有關文字如下：

一九五六年以來的審查結論都是依據以下三點認定其問題性質：（一）與叛變的愛人同居；（二）國民黨每月給一百元生活費；（三）

寫了一個「申明書」。前兩點，丁玲同志到陝北後就向組織上交代了，且已寫入一九四〇年中央組織部為她作的結論裡，結論考慮到丁玲的實際情況，即：（一）丁玲當時是有名的女作家，她被捕後，中外各界知名人士發動營救，國民黨沒有敢殺害她，反而給她「優待」。這種情況是特殊存在的。（二）丁玲自述，她那時身陷困境，有身不由己的實際情況；同時與馮原來就是夫妻，因而與馮同居。但最後她還是斷然拋棄了馮，回到革命隊伍，因此，在結論中沒有看作是她被捕中的錯誤。我們意見，對這兩個問題仍維持一九四〇年中央組織部的結論。

關於丁玲同志寫「申明書」的問題，可以從兩方面看，一方面，只有她本人的交代，沒有直接證據。「申明書」的內容，沒有以共產黨員身份發表自首悔過的言詞，說「出去後，不活動，願家居養母讀書」，是屬於為了應付敵人，一般性表示對革命消沉的態度。另一方面從丁玲同志整個被捕情況看，她被捕後拒絕為敵人做事，寫文章，曾想逃跑、自殺均未成，最後她終於想方設法找到組織，並在組織的幫助下逃離南京，轉赴陝北。被捕中並沒有危害黨組織和同志安全的行為。事實表明，她並不是「消沉下去」，相反是積極設法逃脫牢籠，繼續革命。據此，可以認定丁玲同志寫「申明書」問題，既不屬於自首性質，更不是變節性質。

一九八四年八月一日，經中央書記處批准，中組部頒發（一九八四）九號文件《關於為丁玲同志恢復名譽的通知》。丁玲被周揚揪住不放的「歷史污點」問題，得到徹底澄清。

從中央的文件裡，人們才得知，周揚在同韓素音的談話裡作為嚴重問題提出的在南京受「優待」的問題和所謂與馮達繼續同居的問題，丁玲都已在延安向組織作了交代。周揚卻偏要在這兩個已經不成問題的問題上大做聳人聽聞的文章，真是太不可思議了。

有意思的是，周揚狂熱的「仇丁情結」竟然也感染了他的夫人蘇靈揚。

請看周良沛的記述：

雖然周揚在「道歉」時列了一列名單後，最後還加上一句「還有個丁玲嘛」，可是「作協」的「複查辦公室」寫出《關於丁玲右派問題的復查改正意見》送到中央，是胡喬木批的，他作事細緻、周到，並要求把它送給當年主持丁玲一事的幾位負責同志看看。周揚看過，不願表態。直到他去世前，有病失語待在家裡的幾年，故舊前去看望，除了勸他好好保養，根本沒提這些舊事，他夫人也會無端地大罵丁玲「就是叛徒、反黨，還怎麼平反」？大喊大叫的說現在有人在整周揚。晚年在講「異化」的周揚，確實「異化」了自己一家子。客人都感到過分，無法坐下去。（葉按：這裡的所謂「道歉」，指四次文代會的分組會上，周揚在群眾的逼迫下對一些受害者很不像話的「道歉」）[106]

「我永遠都不饒恕，直到我死去的那一天。」——丁玲不饒恕，人類的良知也不能饒恕！

[106] 周良沛《未能如煙而去的往事》，《文藝理論與批評》，二〇〇一年第六期。

周揚跟頭栽在茅公遺文上

粉碎「四人幫」後，周揚就迫不及待地希望中央出面為兩個口號論爭的問題作出歷史結論。關於這，榮天璵在一篇紀念周揚的文章裡曾談到一些情況，重要部分引錄如下：

一九七八年九月五日，中組部的沙洪同志寫信給陳雲同志，反映文藝界一些老同志當中，由於過去的一些隔閡，對革命文藝運動中某些歷史問題，如兩個口號的爭論等等，存在著不同的看法和分歧。並附上了徐懋庸夫人王韋的一封信，談到毛主席在延安和徐懋庸的談話中涉及對兩個口號的爭論的評價問題，說徐懋庸在延安曾經向陳雲同志談過這些事情。陳雲同志看了這封信後，九月十一日就寫信給當時任中央組織部部長的胡耀邦同志，除了認真負責地回憶和說明一些當年他知道的情況外，建議要中央組織部、中央宣傳部對上海文藝界三〇年代問題，對創造社、對當時其他革命文藝團體，作出實事求是經得起歷史檢驗的評價。並指出，作這些評價時，必須把革命文藝團體的是非功過放到當時歷史環境中考察。陳雲同志在這封信中，還語重心長地說，這件工作最好今年就動手做，因為親身經歷和知道當時情況的人，年齡都在七十開外八十開外了，再不動手就晚了。

胡耀邦同志將陳雲同志的信轉給了中宣部的領導。中宣部在「文革」中，作為「閻王殿」被「四人幫」砸爛，那時剛剛恢復建制，我也是回到文藝局工作不久。我們立即為貫徹陳雲同志的意見，著手做一些事情，開始拜訪一些親身經歷和知道當時情況的老同志。首先，我們想到的就是要去找周揚同志，因為他是上海文藝界三十年代黨的主要負責人之一，又是涉及兩個口號爭論的關鍵人物，而在「文革」中，「四人幫」藉口「國防文學」的口號和「四條漢子」的說法，把他整得死去活來，受盡折磨。當時，周揚還未恢復工作，和夫人蘇靈揚一起住在萬壽路中組部招待所。他看到中宣部原來的人來拜訪，掩不住欣喜之情。聽了我們傳達了陳雲同志關心上海文藝界三〇年代的問題的意見後，很興奮也很激動，立即深有感觸地說，陳雲同志的意見很重要，要把這些問題放到當時歷史環境中去考察。我們這些人當時主要是對魯迅的偉大不夠認識，對魯迅不夠尊重。認識一個偉大的人物，偉大的思想，偉大的真理是有過程的。（下略）

一九八一年七月，中央宣傳部遵循陳雲同志的指示，在賀敬之同志的主持下，與中央組織部、社科院文學研究所等有關部門的同志一起，建立了革命文藝運動若干歷史問題研究小組，打算從研究三〇年代上海文藝界一些歷史問題做起，有計劃地對革命文藝運動中的重要歷史問題，進行調查、訪問、查閱歷史檔案，並邀集熟悉歷史情況的同志和持有不同看法的研究者進行座談、討論，希望在尊重歷史、實事求是、發揚民主、加強團結的前提下，有關的同志先期寫出和整理出一批回憶錄來，然後在此基礎上，可能的話寫出一篇關於革命文藝運動若干歷史問題的意見來，以總結黨領導革命文藝運動的歷史經驗，和恰當評價革命文藝運動中一些有爭議的歷史問題。

這時，周揚同志已經返回中宣部工作，他熱情地指導和參與了研究小組的活動。他對參加研究小組的同志說，要談什麼，你們給我提出來，凡是我能夠，你們覺得需要談的，需要徵求我的意見的，我可以談。要談三十年代「左聯」、「文委」的問題，請陽翰笙、夏衍等同志一道來，他們資格都比我老嘛！後來，座談三〇年代上海文藝界的一些問題就由他出面，邀請翰老、夏公到安兒胡同他的家裡，圍坐在客廳，像談家常似地，一次兩次地和我們這些後輩敘說當年往事。[107]

榮天璵的文章裡說，周揚以中宣部副部長的身份「熱情地指導和參與了研究小組的活動」；只說「三〇年代上海文藝界的一些問題就由他出面，邀請翰老、夏公到安兒胡同他的家裡，圍坐在客廳，像談家常似地，一次兩次地和我們這些後輩敘說當年往事」。從榮天嶼的敘述裡可以窺見，周揚並沒有認真按照中宣部提出的「進行調查、訪問」，「邀集熟悉歷史情況的同志」「進行座談」的要求做。兩個口號的論爭，當年站在「國防文學」對立面的最重要人物有三：魯迅、馮雪峰和胡風。魯迅、馮雪峰已不在人世，可是還有一個胡風

[107] 《他的一個未了心願》，王蒙、袁鷹主編《憶周揚》，內蒙古人民出版社一九九八年版，第四九七——四九九頁。

在世，周揚調查、訪問的名單中有胡風的名字嗎？他已於一九八〇年九月底在政治上得到平反。——從榮天璵的敘述裡可以看出：沒有。當年站在「國防文學」對立面的主要作家健在的，還有巴金、黃源、聶紺弩等人，周揚的名單中有他們的名字嗎？——從榮天璵的敘述裡也可以看出：一個也沒有。周揚只邀請當年同他一起反對「民族革命戰爭的大眾文學」的幾個老搭檔，「到安兒胡同他的家裡，圍坐在客廳，像談家常似地，一次兩次地和我們這些後輩敘說當年往事」。這樣走過場的調查、訪問，居然能夠做出「實事求是經得起歷史檢驗的評價」，而且以中宣部領導的「革命文藝運動若干歷史問題研究小組」的名義公佈出來，只能自欺欺人而已。然而在周揚的主持下，關於兩個口號論爭的「結論」終於做出。

周揚沒有想到的是，就在他主持搞的「結論」要正式發表的時候，《新文學史料》一九八三年二期卻發表了已經去世的茅盾的遺文，長篇回憶錄的第十九章《「左聯」的解散和兩個口號的論爭》。「遺文」前一部分主要是敘述「左聯」的解散和兩個口號論爭的原由與經過，著重揭露的是，周揚堅持宗派主義、關門主義錯誤立場的種種不足為外人道的表現。

一個是出於緩和「民族革命戰爭的大眾文學」口號提出後雙方矛盾激化的考慮，馮雪峰為病中的魯迅代筆，寫出了《答托洛斯基的信》和《論現在我們的文學運動》兩篇文章。前一篇文章是回答一個叫「陳仲山」的托派的信的。這個托派大概認為魯迅反對「國防文學」，與共產黨分道揚鑣了，所以給魯迅寫信並寄刊物，意圖拉攏魯迅。魯迅在《答托洛斯基的信》中嚴厲地駁斥了托派讕言，並在最後捎上一筆：「你們忽然寄信寄書給我，不是沒有原因的。那就是因為我的某幾個『戰友』曾指我是什麼什麼的原故」。在後一篇《論現在我們的文學運動》中，不但進一步解釋了「民族革命戰爭的大眾文學」口號的含意，更明白表示了兩個口號可以並存的意見。馮雪峰認為這兩篇重要文章應同時在雙方的刊物發表。周揚方面，由茅盾負責，交給徐懋庸等人編的《文學界》。茅盾在把文章交給《文學界》前，在魯迅文章《論現在我們的文學運動》的後面寫了一篇《關於〈論現在我們的文學運動〉》，表示支持魯迅對兩個口號的解釋。但沒有料到，《文學界》對魯迅的文章乃至茅盾的文章，都作了令人吃驚的處理：

七月一日《文學界》一卷二期出版了，但一看版面，再看內容，我就知道自己太一廂情願了。有三點使人覺得很不是滋味，一是《答托洛斯基的信》沒有登，編者謅了一個站不住腳的理由，而這封信卻是有重大的政治意義的；二是《論現在我們的文學運動》雖然登了，卻排在後面，而按其重要性應該排在第一篇；三是在的我一千多字的文章後面，編者又寫了八百字的《附記》，拐彎抹角無非想說「國防文學」是正統，現階段沒有必要提出「民族革命戰爭的大眾文學」這個口號，因此整篇《附記》沒有一句話表示贊成魯迅關於兩個口號可以並存的意見。從這裡，我直覺地感到了宗派主義的頑固。

茅盾「覺得很不是滋味」的三點，都是符合事實的。只是有一處說得不夠。魯迅《論現在我們的文學運動》雖然登出，但編者在茅盾《關於〈論現在我們的文學運動〉》一文後面加的的〈附記〉中，卻對魯迅的論點進行了批駁：「在現階段的救亡運動中，既然如魯迅先生所說，應該『要使全民族，不分階級和黨派』，一致參加，當然不限於工農大眾，那麼『民族革命戰爭的大眾文學』這口號，是不是能夠表現現階段的意義，是一個值得討論的問題。」迫不及待地把魯迅的意見徹底否掉。獨霸文壇的霸權主義令人吃驚。

表現二：針對《文學界》編者豈有此理的〈附記〉，茅盾當即寫了《關於引起糾紛的兩個口號》，文章著重指出周揚把「國防文學」作為創作口號有關門主義和宗派主義的危險。

茅盾把《關於引起糾紛的兩個口號》的文章交給徐懋庸，請他在他們的《文學界》發表。文章在《文學界》第一卷第三號發表了。奇怪的是，緊排在茅盾文章後面的竟是周揚的反駁文章：《與茅盾先生論國防文學的口號》。顯然，編者把茅盾的原稿先送給周揚看過，而且讓周揚寫出反駁文章，再把它與茅盾的文章同時發表的。這種做法，在當時是極為罕見的。周揚的反駁文章全盤否定了茅盾的正確意見，說什麼「我們不必在『國防文學』的口號之外另提別的口號，自外於文學上的統一戰線的運動」；認為「民族革命戰爭的大眾文學」作為左翼作家的創作口號是不是恰當還值得討論。不同意茅盾對「國防文學」口號的解釋，堅持「國防文學」是創作口號。並認為茅盾是濫用了關門主義和宗派主義的名詞。周揚還反對茅盾提出的在抗日旗幟下聯合起來的作家在創作上需要更大自由的觀點。總之，茅盾提出的幾條正確的意見，周揚統統不加考慮，一一予以批駁，全盤否定。

「遺文」說：

讀了周揚的文章，又想到《文學界》編者做的種種手腳，使我十分惱火。我倒不是怕論戰，論戰在我的文學生涯中可算是家常便飯。我氣憤的是，作為黨的文委的領導人竟如此聽不進一點不同的意見，如此急忙忙地就進行反駁！馮雪峰看了周揚的文章，就跑了來。他說，你主張對他緩和，現在有了教訓了。目前阻礙文藝界團結的是周揚，是他的宗派主義和關門主義。胡風有錯誤，但我批評了他，他就不寫文章了；而周揚誰的話都不聽，自以為是百分之百的正確。馮雪峰建議我再寫一篇文章予以反擊，他說，這一次你要把他的宗派主義、關門主義拉出來示眾，要抓住這個根本問題。他說，魯迅答徐懋庸的公開信就要登出來了（當時我已看過魯迅的這篇文章），這封信將回答周揚文章中的那些問題，發表出去一定震動極大。你的文章就專門批判他的宗派主義和關門主義。我答應了，因為我本來就想寫答覆的文章，只是並未想到要專批宗派主義和關門主義。

我這篇文章的題目叫《再說幾句——關於目前文學運動的兩個問題》，刊於八月二十三日《生活星期刊》一卷十二號。

《再說幾句》集中批判了周揚的關門主義和宗派主義，文章極其尖銳，有必要把「遺文」中對該文的介紹全部引錄：

文章共有三問，一問「什麼是關門主義和宗派主義？」二問「文學家聯合救國抗日運動中的關門主義和宗派主義又是怎麼講？」三問「為什麼要講創作自由？」前一問為引子，後二問為正題。第一問中我答道：從過去文壇的史實所見，關門主義有三，一為「懼怕群眾」而關門，二為唯恐「領導權」旁落而關門，後者我鄉有一俗諺，叫做「關起大門做皇帝」。此兩者大都是對於自己的正確性也在下意識地懷疑，所以怕聽見不同調的聲音，怕有辯論。第三種是自信只有自己是百分之百的正確，別人都是百分之百的錯誤，於是雖然大門四開，實際上卻是關門。我說，既然關上門了，結果自然是宗派主義。宗派主義又有二，一是門內只有一派，於是門內外都「相安無事」；二是門內不統一，於是發生內戰，因為關了門，內戰的明槍暗箭一點不落到門外，卻常落到反對「內戰」的門內人身上。

第二問我回答說：組織「聯合戰線，自然是力反關門的，但因人到底是人，有些『習性』是不能夠像扔掉一撮鼻涕似的立即擺脫個乾乾淨淨的」。我舉了胡風一方的關門主義和宗派主義的言論，又舉了主張「國防文學」一方的關門主義和宗派主義的言論，然後說：「在這樣自圍的宗派主義的濃濁空氣中，周揚先生之不肯承認他的關門主義與宗派主義的錯誤似乎亦不足為奇。」我說，把「國防文學」作為文藝家聯合戰線的創作口號，這就等於是一面說不問新舊，不問左右，大家聯合起來抗日救國，而一面又號召道，「國防的主題應當成為漢奸的以外一切作家的作品之最中心的主題」，「國防文學的創作必需採取進步的現實主義的方法」，那不等於一面開門，一面又掛著「無票免入」的牌子麼？問題的中心是不應在聯合戰線下提出一個聯合的條件似的創作口號。

第三問我回答了目前為什麼要講創作自由。我說倘使文藝家聯合陣營的大門上高懸一塊木牌，濃墨大書：「本營創作規例，計開：一、國防主題，二、前進的現實主義方法，三……」你能不能擔保凡是不願做漢奸做亡國奴的一切作家都欣然而來呢？問題的主要點是在全國作家自由聯合起來抗日救國，而不是要我們來服從什麼「創作規例」。所以我認為文藝家聯合陣營的大門上如果定要門聯的話，應當是這樣的：「救國目標大家一致，文藝言論彼此自由」。我又說：中國的現實是左翼的文藝沒有創作的自由，而左翼以外的文藝本來就享有極大的創作自由。因此，倘若把那「創作規例」的「虎頭牌」滿街掛滿，大家的「自由」如故；可是這「虎頭牌」只要有一塊掛在文藝家聯合陣營的大門上，卻就會使得聯合的陣營只成為極少數的幾個人「關起大門做皇帝」。我又說，我們都知道中國新文學當初是怎樣爬出頭的。只要不被壓迫，新的思想新的文藝立刻就會不脛而走。在各種花草同在的園子裡，新文藝的花是一向被或大或小的磚石壓過無數次，而且現在壓著的還彷彿是大磨石之類，但是它的蕃殖力依然是可驚的，它橫生側長，和那些「得天獨厚」的其他花草爭短長，簡直是可驚可佩的！它是那樣的元氣充足，只要它身上的磚石少些，初不必芟除雜草，它自然會出人頭地，發展成為極大的花圃的。就因如此，所以我們現在來講創作上的自由，絕對不是「有害的幻想」，而是在現階段提出的切合實際的步驟。我想，我們不是在一個「理想的社會」，因而有許多太革命的太漂亮個話語在目今只是自己麻醉的藥品，只是騙騙青年們的不兌現的鈔票。我們絕對不需要這些玩意兒。文藝家聯合戰線的健全的展開和擴大，只有在反對關門主義、反對宗派主義、反對爭「正統」的「內戰」之下，才能完成。

三問三答，把周揚堅持的關門主義和宗派主義的錯誤觀點批駁得體無完膚。這就是「遺文」前一部分的基本內容。

十分明顯，「遺文」的這一部分，對於正在慶祝「黨的結論」已經大功告成的周揚和他的同伴來說，無異當頭一悶棍。

首先，「遺文」從馬克思主義的理論高度尖銳地指出，周揚在兩個口號論爭中堅持的關門主義和宗派主義觀點是絕對錯誤的，對於建立文藝界抗日民族統一戰線有百害而無一利。

其次，無情地揭露出周揚和他的同伴拒登魯迅的《答托洛斯基的信》以及把魯迅的《論現在我們的文學運動》排在後面的事實。拒登《答托洛斯基的信》，真正的原因就在於那最後捎上的一筆：「你們忽然寄信寄書給我，不是沒有原因的。那就是因為我的某幾個『戰友』曾指我是什麼什麼的原故」。事實是，早在周揚為駁斥托派徐行而寫的《關於國防文學》一文中，就指桑罵槐地說：「他的意見正代表著一部分『左』的宗派主義者，他們對於國防文學雖然到現在還是保持著超然的沈默的態度，但是他們的宗派主義對於文藝上的統一戰線或多或少地發生了阻礙的力量」。這是把當時對「國防文學」口號持沉默態度的包括魯迅在內的作家，統統與托派徐行並論的。魯迅在《答托洛斯基的信》最後捎上的一筆，對周揚們極不光彩的行徑銳利一擊，他們不敢正視事實，採取了拒登手段。魯迅《論現在我們的文學運動》雖然登出，但編者在茅盾《關於〈論現在我們的文學運動〉》一文後面加的〈附記〉中，卻迫不及待地對魯迅的正確論點進行批駁。——魯迅提出「民族革命戰爭的大眾文學」是一個總的口號，「國防文學」只是在總口號之下「隨時應變的具體的口號」，完全否定了「國防文學」唯我獨尊的正統地位，自然必須立刻在〈附記〉中加以批駁了。

再次，揭露出《文學界》發表茅盾《關於引起糾紛的兩個口號》時玩弄了很不光彩的手腳。茅盾的《關於引起糾紛的兩個口號》是批評周揚的，理應先行發表，《文學界》的編者卻讓周揚搶先寫出反駁文章，同期發表。這樣一來，本來是批評者的茅盾，卻變成了挨批評的對象。本來是挨批評的周揚，卻變成了批評者。任何人一看都會明白，《文學界》是把茅盾的文章作為批評的靶子而發表的，正確的是周揚的文章。《文學界》編者這種惡劣做法，是對茅盾的侮辱，自然不能不引起茅盾極大的憤慨。周揚不是《文學界》的編輯，但是他急急把反駁文章寫出，表明他即使不是這種惡劣做法的創意者，也是這一做法的批准者。他是文委書記，如果他不同意，徐懋庸們是根本不可能這麼幹的。茅盾說：「我氣憤的是，作為黨的文委的領導人竟如此聽不進一點不同的意見，如此急急忙忙地就進行反駁！」表明茅盾對周揚在這場惡劣演出中起的決定性作用，是一清二楚的。

「遺文」揭出周揚這些難以見人的老底，有如在他的標準像上捅了個窟窿（借胡風語），周揚自然要感到不是滋味；更讓他感到不舒服的應該是，它照出了周揚在粉碎「四人幫」後所做的檢討的虛假。周揚在一九七七年同魯迅研究室的同志談話，談到兩個口號論爭的問題時，只籠統地說他的錯誤在於對魯迅不夠尊重，從「遺文」擺出的整系列事實看，哪裡僅僅是「不夠尊重」的問題。到了一九八〇年四月，在紀念「左聯」成立五十周年大會上的講話中談到兩個口號論爭時，更把「不夠尊重」的錯誤分攤到論爭雙方的身上，說：「本來可以經過討論和實踐來解決，應該按照魯迅所說的，兩個口號可以並存。但是，當時爭論雙方都有一些同志，不願意接受魯迅的這個顧全大局的看法。對魯迅的許多正確意見，沒有加以應有的尊重。」（《繼承和發揚左翼文化運動的革命傳統》，《周揚新時期文稿》，第四五四頁）明明是周揚一方堅決「不願意接受魯迅的這個顧全大局的看法」，明明是周揚一方「對魯迅的許多正確意見，沒有加以應有的尊重」；在周揚講話裡，卻成了「雙方都有一些同志」「對魯迅」「不願意接受魯迅的這個顧全大局的看法」，「雙方都有一些同志」「對魯迅的許多正確意見，沒有加以應有的尊重」。事實上，「不願意接受魯迅的這個顧全大局的看法」，「對魯迅的許多正確意見，沒有加以應有的尊重」的，不都是周揚和他的同伴嗎？贊同「民族革命戰爭的大眾文學」口號的作家，哪有一個「不願意接受魯迅的這個顧全大局的看法」，哪有一個「對魯迅的許多正確意見，沒有加以應有的尊重」的？周揚的話，當時也很可能唬住一些不明底細的人，現在，經「遺文」這一揭，謊言無處容身了。

在這樣的認識指導下「閉門製造」出來的兩個口號論爭的「結論」，能有多少符合歷史真實之處，可以想見了。

「遺文」的這一部分不僅給了周揚以狠狠的衝擊，也給決策中樞以不輕的觸動。「遺文」無異提醒陳雲、胡喬木，你們要搞「實事求是經得起歷史檢驗的」有關兩個口號論爭的「結論」未始不可，可是你們讓周揚牽頭來搞，卻是選錯了人的。周揚搞出的「結論」肯定是背離「實事求是」經不起歷史考驗的。你們不可那麼相信周揚。

茅公「遺文」的後一部分，更是奇兵突出，亮出一篇重要文章——那是劉少奇當年為兩個口號論爭寫的帶有總結意義的重要文章。

（魯迅的）喪事過後，有一天馮雪峰問我：你看過最近的一期《作家》嗎？我說最近忙得什麼雜誌都沒顧上看。他帶點神秘地說，你可以看一看其中一篇評論兩個口號的文章。我見雪峰的話中有話，等他一走，就找到那本雜誌。這是《作家》二卷一期，上面除了魯迅的一篇《半夏小集》，還有一篇《我觀這次文藝論戰的意義》，作者叫莫文華，顯然是個假名，我不知道有這樣一個人。我匆匆地讀了一遍。這是一篇水平很高的帶總結性的文章，從文章的筆調和口氣，可以猜得出，這是黨內一位負責人寫的，而且還是地位比較高的負責人。現在已經知道，莫文華就是劉少奇同志的化名，而劉少奇當時是黨在白區的領導人。劉少奇這篇文章發表時，正值魯迅逝世，大家忙於悼念活動，因此沒有引起應有的注意，被人們忽略了。當然，他用了個無人知曉的化名也是被人忽略的原因，當時文壇的陋習是看文章先看作者的名字。

但是我認為這是一篇十分重要的文章，它對於我們今天重新認識這一段歷史有著重要的指導意義。下面請允許我引用該文的一些段落，作為我回憶三〇年代這一場論爭的結束。

劉少奇的文章一開頭就指出：「這次論戰的最大意義，我想，是在克服宗派主義或關門主義這一點上罷。文壇上的宗派主義，關門主義，現在似乎還沒有完全克服掉，但在論戰的發展的過程中，很明白的，已逐漸克服了許多了。」「在這次論戰的開始和論戰以前，在文壇的一角確曾存在著兩派，即周揚先生與胡風先生的對立。但因有兩個口號的論爭以後，形勢變了，一邊仍是以周揚先生為中心的原來的一些人，而胡風先生等卻忽然中途不見了，……卻有魯迅先生茅盾先生……出來給周揚先生等人以重大的批判。……同時也批判了和糾正了胡風聶紺弩諸人的態度，形勢就一變而成為新的兩種對照：周揚等是主張用『國防文學』口號為聯合戰線的口號，反對『民族革命戰爭的大眾文學』的口號，魯茅等卻是主張抗日聯合戰線應用抗日的政治口號，而不應以『國防文學』的口號去限制它的擴大，但並不反對『國防文學』為自由提倡的口號，因此『民族革命戰爭的大眾文學』口號也可應用，因為和『國防文學』並不對立的。這裡顯然是理論上的兩派，而不是口號與口號的兩派了。我們也就很清楚：魯先生茅先生等的意見是正確的，他們提的

> 辦法是正當的，適合於現在實際情形的；同時，論爭愈發展下來，周揚先生等的意見的錯誤和宗派主義與關門主義，也完全暴露了，終於因為理論上站不住而是改變態度了。這就是這次論爭經過的大概情形。所以，這次的論爭的意義決不在爭口號，而是在克服文壇上的關門主義與宗派主義。」「宗派主義或關門主義在文壇上非常根深蒂固，有著歷史性；我們若從新文學運動歷史上看，則如創造社，太陽社，後來的左聯，各個時期都有各色各樣的宗派主義的濃厚的表現。並且它有著藝術理論上的根源，即機械論，以及還有著客觀的原因。——這個宗派主義或關門主義的歷史性和客觀原因，就證明著我們克服的困難，但同時更證明我們克服的必要了。」[108]

劉少奇這篇文章，對於兩個口號論爭情況的論斷，雖有個別可議之處，如認為胡風和周揚的對立是口號與口號的兩派，認為魯迅一開始就主張兩個口號可以並存，但都是次要的問題，從文章總的傾向看，是很深刻很有價值的。

「遺文」這樣高度地肯定了這篇文章：「我認為這是一篇十分重要的文

108《「左聯」的解散和兩個口號的論爭》，《新文學史料》一九八一年第一期。

章，它對於我們今天重新認識這一段歷史有著重要的指導意義。」——不僅「重要」，而且是「十分重要」。不僅有「指導意義」，而且是有「重要的指導意義」。這實際上是向在這個問題上搞「黨的結論」的周揚們提出忠告：你們在搞「黨的結論」，要「重新認識這一段歷史」，但千萬不要忘記劉少奇四十多年前做出的「黨的結論」，這個「黨的結論」對於你們重新搞「黨的結論」，是「有著重要的指導意義」的。這是耳提面命地向周揚叮囑：你要遵循老一輩領導人奠定的基調行事，不要自以為是，一意孤行，偏離原則。

不用說，周揚和他的同伴根本可能遵循劉少奇《我觀這次文藝論戰的意義》的基調搞他們的「結論」的。劉少奇的文章說：「魯先生茅先生等的意見是正確的，他們提的辦法是正當的，適合於現在實際情形的；同時，論爭愈發展下來，周揚先生等的意見的錯誤和宗派主義與關門主義，也完全暴露了」。這樣的論斷周揚和他的同伴在一九三六年當時不能接受，到八十年代同樣無法接受，這是從周揚當時的講話中就可以看出的。

「遺文」亮出劉少奇當年的「結論」，應該不僅使周揚震動，更使決策中樞震驚。

早在一九八〇年四月末，劉少奇平反之後兩個月，魯迅博物館館長兼魯迅研究室主任李何林，就以研究室的名義寫了一篇《重讀劉少奇同志的〈我觀這次文藝論戰的意義〉》，連同劉少奇的原文寄給《光明日報》，要求重新發表劉少奇這篇文章。報社經過研究，不予刊登，將原件退回。李何林不服，直接寫信給鄧小平、陳雲、胡耀邦、王任重、胡喬木五位領導，對《光明日報》拒登劉少奇的文章提出質疑。信尖銳指出：「他『觀這次文藝論戰的意見』，是和現在活著的當時的當局者的若干人不一致的，因此就不能發表嗎？這使我想到二三十年代進步文藝界的宗派主義所形成的文人小集團主義（像瞿秋白和魯迅都批評過的）和魯迅所指出的『比白衣秀士王倫還要狹小的氣魄』，到四十年後的現在依然在起作用。」[109]「要『實事求是』地、歷史唯物主義地解決二三十年代的左翼文藝運動中的幾個問題（一九二八年的革命文學論爭、一九三〇——一九三五年的左聯的功過、一九三六年的兩個口號之爭），只想依靠還活著的幾個『當事人』的意見而排斥了廣大新文學史和魯迅研究者的研究，是不能解決得好的；因為宗派主義情緒和小集團利益蒙上了人們的眼睛了。」[110]信的最後告訴中央領導，他已經將劉少奇的文章連同他們寫的介紹文章，在魯

109《李何林全集》，河北人民出版社二〇〇三年版，第五卷，第三一〇頁。

110《李何林全集》，第五卷，第三一一頁。

迅研究室編印的《魯迅研究動態》第三期發表了。李何林的這封信，針對的主要是陳雲和胡喬木。他們自然是不高興的。尤其是李何林來個先斬後奏，把劉少奇的文章發表在《魯迅研究動態》上，令他們啼笑皆非。考慮到《魯迅研究動態》是內部刊物，讀者面不廣，也就不去深究了。——三年前的一場糾葛，總算好歹對付過去，不料現在茅盾竟然在死後利用發表回憶錄的機會把劉少奇的文章在全國公開發行的《新文學史料》上捅了出來，把陳雲、胡喬木打了個措手不及。這是他們萬萬沒有料到的。

「遺文」的前一部分，已經使他們感到事態的嚴重，這後一部分，更使他們感到事情棘手了。經過一番緊張的「查問」，查明了「遺文」原稿雖非茅盾親筆，但文章從第一行到最末一行，字字有來歷，句句有根據，確是親屬遵照茅公生前囑咐整理。在事實面前，只好萬般無奈地作退步之計。雖然他們對周揚們做出來的「結論」情有所鍾，不忍捨棄，但是有了茅盾的這個「遺文」，再把「結論」發表出去，肯定會引起學術界的大爭議，「結論」勢將成為眾矢之的。這就使「結論」不僅失去原想取得的話語絕對威權，而且也使中宣部

「革命文藝運動若干歷史問題研究小組」陷於被動，更使決策中樞的威信大受影響。權衡再三，最後只好做出悄悄收起「結論」的選擇。

其實，兩個口號論爭的問題，在八十年代已經屬於文學史中的學術性的問題。學術性的問題是只有通過廣泛深入的討論，才有可能逐步得出比較正確的答案。周揚是熱中於希望中央出面給問題作出「結論」的。他在一九七六年粉碎「四人幫」後不久就寫了一個材料給中央領導，對「『兩個口號』爭論的問題整整三十年之久沒有得到正式結論」感到不安。他復出後，胡喬木把任務交給他，他認為時機已到，召集一些人，閉門製造，意圖搞出一個把所有的嘴巴都封住的「結論」。這種想法，就是違背學術自由的原則精神的。茅盾是一九八一年三月去世的，「革命文藝運動若干歷史問題研究小組」是一九八一年七月建立的。這時茅盾已經離世四個月。茅盾在世的時候，肯定已經聽說當局有意讓周揚牽頭帶領少數幾個人搞出一個有關兩個口號論爭的「結論」來，這是硬把政治領域的做法搬用到學術領域中來，顯然是不可取的。茅盾有鑒於此，生前留下囑咐，要親屬務必整理好這篇文章，讓它在關鍵時刻發揮作用。

茅公的目的果然達到了。

周揚寄予莫大希望的他做出的「總結」成了廢紙，當然於心不甘。他決定動手寫回憶錄，把自己對於三十年代問題的看法寫進回憶錄，這是任何人無法阻擋的。可惜的是，留給他的時間已經不多，他只能帶著遺恨離開人世。

周揚為什麼不向胡風表示歉意

一九八〇年「胡風集團」案第一次的平反文件徵求意見稿，是決策中樞派周揚去送給胡風的。有關情況梅志有敘述：

一九八〇年九月二十二日，周揚、蘇一平（文研院院長）及一位組織部的幹部到國務院二招來訪M（葉按：即梅志，胡風夫人），說了幾句客套話後，就直說來意，原來是將打印好的中央平反文件（中發〈一九八〇〉七六號）給她看。有一兩千字，她們（曉谷正好在身旁）匆匆看了一下，M當即表示對此有意見。周揚說，這是徵求意見稿，就是要你們提意見的，可以留下，你們再仔細看看，有什麼意見來信告訴我。M客氣地說道，我只是家庭婦女，對這重大問題不敢發言，一定要和我的子女商議了才好答覆。可是周揚卻說，你是三十年代的老同志了，何必客氣！希望你們看後早點給我回音。

周揚他們要M陪同去醫院看望胡風。這天下午，胡風剛服過藥，得知是周揚來了，就掙扎著想站起來，但由於藥力的作用，只能佝僂著身體立不起來。周揚用手制止他，和他坐對面。周揚說：「我早就想來看你了，今天是來告訴你，要發文件為你平反了。中央承擔了責任……」胡風「噢，噢」地不動感情地答著。周揚又說：「我也關了八年啊，這……」胡風仍是「嗯，嗯」地應著。蘇一平問，最近好了些嗎？女兒在一旁回答，已好多了。忽然，胡風向周揚提出了一個問題：「我需要一個家，不能總住在這裡吧。」他們當時一愣，周揚立刻說，是要一個家，我一定為你辦。胡風這時似乎明白多了，又和周揚說了幾句客氣話。很快，他們就告辭走了。[111]

顯然，梅志對於周揚在胡風面前顧左右而言他的態度是十分不滿的。她知道周揚是決不會真誠地向胡風表示什麼歉意的，但是連一句敷衍性的道歉的話也沒有，卻是頗感意外的。

[111] 梅志《胡風傳》，北京十月文藝出版社一九九八年版，第七五二——七五三頁。

其實，只要認真讀讀中央的那個平反文件，周揚為什麼採取那種裝糊塗的態度也就不難明白了。

一九八〇年九月底為「胡風反革命集團」平反的七十六號文件，關於平反一事是這樣寫的：

「胡風反革命集團」一案，是在當時的歷史條件下，混淆了兩類不同性質的矛盾，將有錯誤言論、宗派活動的一些同志定為反革命分子、反黨集團的一件錯案。中央決定，予以平反。凡定為胡風反革命分子的，一律改正，恢復名譽，從平反之日起恢復原工資待遇，本人歷史上有其他問題的，是什麼問題就按什麼問題作結論，並由原單位妥善做好對他們的安置工作。凡經過法律程序判決的，建議由原經辦的法院依法撤銷原判。凡因「胡風問題」受到株連的，要徹底糾正。

這是文件的第一段文章。文件最後，還有這樣一個結尾：

一九五五年以後，將胡風等同志的問題定為「反革命集團」，這就混淆了兩類不同性質的矛盾。胡風以及與他關係密切的一部分人，雖有各種政治歷史問題，個別人如張中曉確有反動思想和言論，但是他們的問題或錯誤一般屬於人民內部矛盾性質。他們不是一個反革命集團。[112]

此外，文件還明確無誤地給胡風留下兩個大尾巴：一、一九二七-一九二八年間嚴重的「政治歷史」問題；二、胡風的文藝思想和主張有許多是錯誤的，胡風等人的結合帶有小集團性質，進行過抵制黨對文藝工作的領導、損害革命文藝界團結的宗派活動。從四十年代起，革命文藝界多次對他文藝思想和宗派活動的錯誤開展過批評，這種批評基本上是正確的，必要的。

文件明確無誤地宣告，僅僅為「胡風反革命集團」這個錯案平反；胡風的其他問題，包括「政治歷史問題」，包括「文藝思想」、「宗派活動」等問題仍保持原結論不變。

在這樣的情況下，周揚不向胡風表示任何歉意，是完全名正言順的了。「胡風反革命集團」這個錯案，是毛澤東定的。為毛澤東的定性提供「證

[112] 轉引自梅志《胡風傳》，第七五三-七五四頁。

據」並聲稱胡風集團是進行反黨活動的，是舒蕪。應該負擔製造胡風冤案的責任者，就是這兩位，與周揚無關。他理所當然地無歉可道。

胡風的「政治歷史」問題的結論，是公安部做的，而且沒有錯誤，他更無歉意可表。

至於建國後開展的一系列對胡風的批判，中央的文件寫得很清楚：「批評基本上是正確的，必要的。」既然如此，周揚還有什麼歉可道的呢？

很可能，在周揚看來，應該道歉的是胡風而不是周揚。胡風在「三十萬言書」裡把他罵得那麼厲害，什麼「宗派主義的統治」，什麼「小領袖主義的統治」，不是胡風該向他周揚道歉嗎？

梅志不滿於周揚在胡風面前連一個敷衍性的道歉也不做，是沒有讀懂平反文件，更沒有讀懂周揚的為人的。

【附記】

周揚送平反文件的情況本來是清清楚楚的，可是卻出現了另一種版本。最初是林希，他在《愛我中華》一九九四年十月號發表的文章如是說：

一九八〇年九月二十二日，周揚和中國藝術研究院院長蘇一平，在梅志的陪同下，前往北京第三醫院，看望胡風。此時的胡風，已被任命為中國藝術研究院顧問。

周揚上前握住了胡風的手，對胡風說：「我代表組織上來看望你，向你報喜。」「五十年代對你的批判是錯誤的，責任由中央來承擔。這些年，你受了許多苦，我也受了一些苦，我的問題已經解決了。現在，你的問題也解決了，你要安下心來養病。」隨之，周揚把中央為胡風的平反決定交給了胡風，病中的胡風不能對平反決定親自過目，也無力在決定上簽字，他只是無聲地落下了淚水。

周揚親自來探望胡風，並代表組織承擔責任，這同時也就解脫了周揚與胡風之間的個人恩怨。作為文藝領導的周揚，多年來在文藝界的歷次政治鬥爭中，傷害過許多正直的作家，繼一九五五年之後，對丁玲，對艾青，對馮雪峰，對許許多多人，周揚在感情上都有著深刻的內疚，在這一點上，周揚不似某些決不向任何人懺悔的好漢那樣，周揚畢竟是一位作家，是一個文人，是一個能夠理智地認識歷史和現實的人。

這段文章，作者作了許多想當然的描述。

「我代表組織上來看望你」。這樣的話，周揚壓根沒說。

「五十年代對你的批判是錯誤的」。平反文件的後部分明寫著，五十年代對胡風的文藝思想、文藝活動的批判是正確的必要的。周揚居然會對胡風說「五十年代對你的批判是錯誤的」，豈非天外奇談。

「他只是無聲地落下了淚水」，純屬主觀臆想。

「並代表組織承擔責任」，周揚是以中國藝術研究院的顧問的身份去見胡風的，他根本沒有資格代表組織承擔責任。黎辛在《關於「胡風反革命集團」案件》中說得好：「周揚落實政策的結論是一九八〇年五月二十日中央才批准的，比胡風早四個月，他既沒有在中國作協與文化部任職，是什麼人什麼組織讓他把胡風案的複查結論送給胡風徵求意見的？梅志掛號寄給周揚的意見怎麼『石沉大海』呢？周揚將胡風的『複查報告』送給胡風徵求意見，沒有本人簽字，又沒有本人的其他表示，他怎麼交差呢？有誰見過三中全會以後落實政策的結論，本人不表態呢？至少我沒有見過。」113

113《新文學史料》，二〇〇一年第二期

因此，所謂「同時也就解脫了周揚與胡風之間的個人恩怨」也只能是一句假話。

「多年來在文藝界的歷次政治鬥爭中，傷害過許多正直的作家，繼一九五五年之後，對丁玲，對艾青，對馮雪峰，對許許多多人，周揚在感情上都有著深刻的內疚，」——周揚壓根沒有向丁玲、艾青道歉，哪來的「深刻的內疚」？對馮雪峰的道歉也是極有限度的，同樣談不上「深刻的內疚」。

「在這一點上，周揚不似某些決不向任何人懺悔的好漢那樣，周揚畢竟是一位作家，是一個文人，是一個能夠理智地認識歷史和現實的人。」——「神話」越編造越離譜了。

這段「神話」，後來又一字不易地放進他的專著《白色花劫》中，傳佈就更廣了。

林希，即侯紅鵝。由於曾經在寫作上得到阿壠的幫助，一九五五年被打成「胡風分子」，時年僅十九歲，成為「胡風集團」中年齡最小的「分子」。在二十多年漫長的歲月裡，遭盡折磨。他是有條件出來寫出歷史真相的。不知道他根據什麼竟寫出這麼一段與事實大相逕庭的「神話」來。只須與梅志的敘述一對照，浪漫主義的想像太多了。由於他是「胡風集團」的「分子」，他的這段「神話」的影響就不容小覷了。後來不少文章都是根據這個「神話」來描述周揚與胡風和好的結局。

據黎辛介紹，有一篇題為《春天我們對胡風先生的一次訪問》的文章，寫周揚「親自帶著中央文件……把這一喜訊報告給梅志同志，又驅車趕往北醫三院的精神病防治所」，「代表組織來看望你向你報喜」。「這兩位都坐過牢又受過苦又都落實政策的文藝老戰士的手握在一起了。」然而，梅志根本不認識也根本沒有見過這位採訪者。[114]

這段「神話」，三傳兩傳，越傳越玄，後來竟玄到這樣的程度：

> 在「左」的路線下面曾經整過胡風，後來又在「左」的路線下面被整的周揚，這時已經平反。他為給胡風平反奔走於各個有關機關。拿到中央為胡風平反的文件，周揚到醫院探望胡風和夫人梅志，親自把平反的喜訊告訴他們。「歷盡劫波兄弟在，相逢一笑泯恩仇」。兩位爭吵半個世紀的文化老戰士和解了。

114 黎辛《關於「胡風反革命集團」案件》，《新文學史料》二〇〇一年第二期。

在周揚的積極推動下，中央辦公廳又在一九八八年的補充材料中，撤銷了平反通知中關於「錯誤言論」和「宗派活動」的提法。（此處有引錄文件的話，略）至此，胡風冤案不留任何尾巴，徹底平反。[115]

「他為給胡風平反奔走於各個有關機關」，已屬天外奇談；「在周揚的積極推動下，中央辦公廳又在一九八八年的補充材料中，撤銷了平反通知中關於『錯誤言論』和『宗派活動』的提法」，更是令人啼笑皆非。

據黎辛透露，周揚把七十六號文件送給胡風時，是家屬看的。由於文件對胡風的所謂「政治歷史」問題、文藝活動問題、文藝思想問題都保持原結論不變，家屬怕對胡風刺激太大，沒有給他本人看。後來家屬幾經考慮，決定把文件給他看，希望他能說出自己的意見。胡風看後，受到極大刺激，對送這個文件來的周揚產生了極大的疑懼感：「胡風害怕『代表組織』給他送七十六號文件的人。胡風還時常說怕這個人，連司機都知道胡風怕這個人。」[116] 敢問：對周揚怕到如此程度的胡風，有可能同周揚握手言歡嗎？

啼笑皆非！

[115] 辛子陵《紅太陽的隕落》，香港書作坊二〇〇八年版，第六八－九頁。著重號是引者所加。

[116] 黎辛《關於「胡風反革命集團」案件》，《新文學史料》二〇〇一年第一期。

血歷史49　PC0318

新銳文創
INDEPENDENT & UNIQUE

往事探微
——中國文化沙皇周揚

作　　者	葉德浴
主　　編	蔡登山
責任編輯	邵亢虎
圖文排版	賴英珍
封面設計	王嵩賀

出版策劃	新銳文創
發 行 人	宋政坤
法律顧問	毛國樑　律師
製作發行	秀威資訊科技股份有限公司 114 台北市內湖區瑞光路76巷65號1樓 電話：+886-2-2796-3638　傳真：+886-2-2796-1377 服務信箱：service@showwe.com.tw http://www.showwe.com.tw
郵政劃撥	19563868　戶名：秀威資訊科技股份有限公司
展售門市	國家書店【松江門市】 104 台北市中山區松江路209號1樓 電話：+886-2-2518-0207　傳真：+886-2-2518-0778
網路訂購	秀威網路書店：http://www.bodbooks.com.tw 國家網路書店：http://www.govbooks.com.tw

出版日期	2013年8月　初版
定　　價	390元

Printed in Taiwan

國家圖書館出版品預行編目

往事探微：中國文化沙皇周揚 / 葉德浴著. -- 初版. -- 臺北市：新銳文創, 2013. 08
面； 公分
ISBN 978-986-5915-78-0 (平裝)

1. 周揚 2. 傳記

782.887 102008289

讀者回函卡

感謝您購買本書，為提升服務品質，請填妥以下資料，將讀者回函卡直接寄回或傳真本公司，收到您的寶貴意見後，我們會收藏記錄及檢討，謝謝！

如您需要了解本公司最新出版書目、購書優惠或企劃活動，歡迎您上網查詢或下載相關資料：http:// www.showwe.com.tw

您購買的書名：______________________________

出生日期：________年________月________日

學歷：□高中（含）以下　□大專　□研究所（含）以上

職業：□製造業　□金融業　□資訊業　□軍警　□傳播業　□自由業

□服務業　□公務員　□教職　□學生　□家管　□其它______

購書地點：□網路書店　□實體書店　□書展　□郵購　□贈閱　□其他

您從何得知本書的消息？

□網路書店　□實體書店　□網路搜尋　□電子報　□書訊　□雜誌

□傳播媒體　□親友推薦　□網站推薦　□部落格　□其他__________

您對本書的評價：（請填代號　1.非常滿意　2.滿意　3.尚可　4.再改進）

封面設計____　版面編排____　內容____　文／譯筆____　價格____

讀完書後您覺得：

□很有收穫　□有收穫　□收穫不多　□沒收穫

對我們的建議：______________________________

____

____

____

請貼
郵票

11466
台北市內湖區瑞光路 76 巷 65 號 1 樓

秀威資訊科技股份有限公司 收

BOD 數位出版事業部

（請沿線對折寄回，謝謝！）

姓　　名：＿＿＿＿＿＿＿＿　年齡：＿＿＿＿　性別：□女　□男

郵遞區號：□□□□□

地　　址：＿＿＿＿＿＿＿＿＿＿＿＿＿＿＿＿

聯絡電話：(日)＿＿＿＿＿＿＿＿(夜)＿＿＿＿＿＿＿＿

E-mail：＿＿＿＿＿＿＿＿＿＿＿＿＿＿＿＿